和諧

中石

和谐教育丛书

奠基健康

The Physical Education in Shijia Primary School

史家小学的体育教学

张欣欣　李大明　牛东芳◇著

中国发展出版社
CHINA DEVELOPMENT PRESS

图书在版编目（CIP）数据

奠基健康：史家小学的体育教学 / 张欣欣，李大明，牛东芳著 . 北京：中国发展出版社，2012.9

（和谐教育丛书）

ISBN 978-7-80234-830-1

Ⅰ . 奠…　Ⅱ . ①张…　②李…　③牛…　Ⅲ . 体育课 - 教学研究 - 小学　Ⅳ . G623.802

中国版本图书馆 CIP 数据核字（2012）第 201969 号

书　　　名：奠基健康：史家小学的体育教学
著作责任者：张欣欣　李大明　牛东芳
出 版 发 行：中国发展出版社
（北京市西城区百万庄大街 16 号 8 层　100037）
标 准 书 号：ISBN 978 - 7 - 80234 - 830 - 1
经　销　者：各地新华书店
印　刷　者：北京科信印刷有限公司
开　　　本：700 × 1000mm　1/16
印　　　张：15.25
字　　　数：195 千字
版　　　次：2012 年 9 月第 1 版
印　　　次：2012 年 9 月第 1 次印刷
定　　　价：26.00 元

咨 询 电 话：（010）68990535　68990692
购 书 热 线：（010）68990682　68990686
电 子 邮 件：forkids@sina.cn
网　　　址：http: // www. develpress. com. cn

Foreword

序言①

让和谐教育成为和谐社会的有力支柱

史家小学提出“和谐教育”的理念并进行了教育实践的探索，已经历20个年头了。当我们回顾这20年走过的路程，我们看到在卓立和王欢两位校长的带领下，和谐教育展现出了蓬勃的生命力。

有专家曾生动地解读“和谐”这两个汉字:“和”是“禾”加“口”，就是人人有饭吃——民生;“谐”是“言”加“皆”，就是人人都有发言权——民主。所以，建立和谐社会就是既重视民生，又发扬民主。

建立和谐社会，是为了实现多年来仁人志士所追求的理想，也是顺应发生巨大变化的时代潮流。当今世界，人与自然的矛盾产生了生态危机，人与社会的矛盾产生了人文危机，人与人之间的矛盾产生了道德危机，人与自身的矛盾产生了心理危机，国家与国家的矛盾产生了安全危机，文化与文化之间的矛盾产生了价值观危机。因此，应对复杂格局，理顺社会关系，构建和谐氛围，以促进人类社会的可持续发展，就成为当前社会主义现代化建设面临的理论和实践的重大课题。

和谐教育既是和谐社会的子系统，又是建设和谐社会的基础工程。和谐教育应当体现在为每个人各尽所能、各得其所创造良好的条件，提供公平的机会；体现在为不同社会阶层和利益群体之间的流动拓宽渠道；体现在促进人类的生产方式、生存方式、生活方式的合理转变；体现在为创造全社会以和谐相处作为价值取向的文化氛围奠定坚实的基础。归根结底，体现在将以人为本的科学发展观及建立和谐社会的理念作为指导思想，使学校教育在和谐中求得发展，在发展中创造和谐。

卓立校长在20年前就提出了和谐教育的理念，体现了对当今世界形势的清醒认识，体现了对社会的高度责任感，更体现了对教育功能的准确把握。这就使得史家小学的教育理念站在了时代的前沿。科学发展观的提出为和谐教育的实践提供了科学的指导思想。全面、协调和可持续发展的科学发展观，是推动和谐社会建立的重要理论基础，也是教育改革与发展的重要理论基础。学校教育只有坚持全面、协调和可持续发展，才能促进学校的和谐发展。

史家小学的实践证明，和谐的学校教育应当是重视全体学生全面素质提高的教育，不应当只重视一部分学生发展而忽视另一部分学生的发展，不应当只重视学生考试成绩的提高而忽视学生素质水平的提高，也不应当只重视学生共性的教育而忽视学生个性的教育。和谐的学校教育应当是公平的、民主的教育，通过树立干部与教师以人为本的服务意识，营造干群之间的和谐、教师之间的和谐、师生之间的和谐以及学生之间的和谐，形成学校公平与民主的体制架构与团结合作的文化氛围。和谐的学校教育应当是开放的、社会广泛参与的教育，通过形成家长、社区和社会的广泛参与，使学校教育把为社会的发展服务与为人的发展服务紧密地结合起来，并在取得家长、社区和社会理解的同时，自觉地置身于其监督之下。

因此，史家小学的教育在历届学校领导、教师和全体教育工作者矢志不渝的探索与追求下，展现了首都教育改革的精神风貌，丰富了素质教育的深刻内涵，积累了学校和谐发展的实践经验，体现了“北京精神”的生命活力。这套书就是20年来史家小学教育成就的生动写照，我非常高兴看到这套书的出版，并向史家小学的全体同仁致以崇高的敬意。

中国教育需要千万个像卓立校长和王欢校长这样的教育家，只有学校教育自觉地肩负起为全体人民各尽其能、各得其所而又和谐相处所必须承担的历史责任，让教育更加和谐，才能使教育成为和谐社会的有力支柱。

陶西平

国家总督学顾问、中国教育学会副会长

2012 年 7 月

Foreword

序言 Ⅱ

和谐——教育的永恒追求

在史家小学和谐教育提创20年之际，得知学校集纳英才、荟萃思理，拟组织出版《和谐教育丛书》，系统总结和提升和谐教育的理论和实践，我深感喜悦。

史家小学是我国最早倡行和谐教育的学校之一。1992年，在一次北京教育研讨会上，我提出了“和谐教育”的办学理念。之后，东城区教委为我组织举办了教育思想专题研讨会。从此，和谐教育就在史家小学扎下了根。从17岁任教到65岁退休，我在近半个世纪里亲历了史家小学的每一个变化。从1991年起，我任史家小学校长兼党支部书记，开始系统梳理学校的办学经验，体会到学校的成功之处就在于和谐教育。

在我看来，和谐教育就是以科学理论为指导，以社会发展需求与人的自身发展需求相和谐为宗旨，协调并整体优化各种教育因素，创设和谐的育人氛围，使受教育者在德智体美诸方面得到全面和谐的发展，具体包括“五个和谐”。一是人与人的和谐。史家小学的办学指导思想是“一切为了孩子，一切为了明天”，办学宗旨是“三全、三爱、三服务”，即使学生德智体美全面发展、面向全体学生、对学生全方位负责；爱事业、爱学校、爱学生；为学生服务、为家长服务、为社会服务。贯彻这一办学思想，就能够在学校中实现人与人的和谐。二是人与知识的和谐。学生是学习的主人，学生的主动"参与"是课堂教学之魂，教师既教书又育人，既要研究教法，又要研究学法。人们的认知规律是"由浅入深、由近及远、由此及彼、由简单到复杂、由特殊到一般"，我们必须遵循这些认知规律，才能实现人与知识的和谐。三是人与自身的和谐。实施和谐教育，就是要使教育符合孩子们的身心发展规律，让他们在融洽的人际关系中生活，心理上没有过分的压力，情绪上没有过度的焦虑，在和谐的氛围中学习。使学生做到：性格是活泼的、开朗的、自信的；与他人的关系是和谐的、关爱的；心态是积极的、进取的，成为享受成长快乐的少年。四是人与社会的和谐。我们必须面向明天培养未来社会所需要的人。在"学知"和"做人"上，应更多地关注"做人"，在"知识"和"能力"上，则应更多地关注"能力"。五是人与自然的和谐。尊重大自然，热爱大自然，服务大自然，享受大自然，实现人与自然的和谐相处。总之，孩子们在学校的生活应该是活泼的、欢快的，史家小学应该不仅是校园，也是乐园，更是家园。

教育不是选择适合教育的学生，而是选择适合学生的教育。"学会认知、学会做事、学会合作、学会生存发展"，这是联合国教科文组织提出的教育的四大支柱。在小学，必须重视学生非智力因素的培养，培养他们具有健康的心理品质和良好的行为习惯，这是培养孩子健全人格的需要。和谐教育致力于精心雕塑孩子的心灵，努力培养学生的实际能力，用心挖掘孩子的潜力，培养全面和谐发展的人才。在和谐、温馨的环境中成长起来的孩子，行为习惯和言谈举止应该是高层次的、有教养的，对社会也是相当有责任感的。史家小学的孩子很大气，很开朗、很阳光，具有很强的学习热情和学习能力。

和谐教育之所以能够引领史家小学20年高速发展，并且成为学校鲜明的办学特色，主要在于其教育理念的先进性和教育实践的自觉性。一所学校的先进，首先表现在教育思想的先进上。一个学校实施一种办学模式，必须把它变为每个教师的指导思想，内化为教师的教育教学行为，使教师能够创造性地执行这一教育理念。我提出经过“服从”“认同”“内化”三个阶段，通过“灌输与渗透”“感染与熏陶”“规范与升华”三种方法推进和谐教育，让和谐教育的办学理念逐渐地浸润到史家小学每一个教师的心灵深处。

史家小学和谐教育的理论和实践，对素质教育的发展起到了显著的标杆作用，具有典型价值和普遍意义。因此，我将尽一切可能继续拓宽和谐教育的精彩天地，继续描绘“把学校办成让家长放心地把孩子和孩子的未来托付给我们的学校”的蓝图愿景。

和谐教育，二十年风华正茂；情系史家，半世纪岁月熔金。今年，恰值我从事教育工作50年。路漫漫兮，上下求索。在永恒的教育长河中，我只是撷取了美丽的浪花一朵，而我时刻愿意与所有人分享这朵动人的和谐教育之花。

祝愿和谐教育花繁春盛！祝愿史家小学越办越好！

卓　立

史家小学终身名誉校长

2012年8月

Preface

前言

史家小学的体育传统和体育理念可以从一个“301分”说起。

1982年秋季，北京市教育局、北京市体育运动委员会和北京市卫生防疫站联合检查体育卫生工作，按教育部颁布的体育卫生工作暂行规定，逐条检查学校贯彻的情况。这次检查满分是290分，史家小学由于各项工作成绩突出，评委给予加分，被评为301分。国家体育运动委员会顾问荣高棠听到这个消息，曾带着全国政协中几位曾从事体育工作的老专家到史家小学视察，听取学校相关工作汇报，观看学生上体育课、上操等日常体育活动，参观卫生室。最后荣高棠满意地说：“名副其实的301分。”

学生的素养是学校品牌最好的代言人，学生的日常行为表现最真实，也最有说服力。“冰冻三尺，非一日之寒”，学生之所以在各项检查中有优异的表现，是因为学校一贯关注学生的身心健康，把体育作为重要的工作来抓。这个事例也同时说明，史家小学拥有优秀的体育教育传统，在绝大多数学校普遍追求分数的背景下，史家小学坚持把体育作为育人的重要途径，非常重视体卫工作，把学生的健康放在首位。史家小学对学生个人卫生习惯十分重视。新中国成立初期，就在全国爱国卫生运动中介绍过经验。坚持每天晨检，检查学生是否带齐学习用具，检查学生个人卫生状况，督促学生养成良好的卫生习惯。史家小学对学生的体育锻炼十分重视，坚持上好体育课、早操、课间操，开展体育比赛和体育课外活动。早在20世纪80年代，史家小学就已经有了游泳池、乒乓球馆等硬件设施。这在北京市是非常超前的。

史家小学的教师们认为，学生健康的体态和精神面貌，是一所学校办学质量和水准的重要体现。史家小学一直把体育作为实施素质教育的重要途径之一。卓立校长提出“和谐育人”，王欢校长提出“育和谐的人”，他们的办学思想一脉相承，都视体育为实施和谐教育的重要途径之一，认识到体育在促进学生身心和谐健康发展方面发挥不可替代的作用。可以说，和谐教育理念是史家小学体育教育的“根”和“魂”，它为体育教育提供了理念的支撑和育人的环境。

史家小学的体育教育取得了突出的成绩，获得“北京市首届先进体育教研组”“北京市课间操先进单位”等荣誉。张欣欣主任作为主管学校体育工作的负责人，在2009年第十一届全国运动会期间，被评为全国群众体育先进个人，受到胡锦涛总书记的亲切接见。教师们取得的成绩非常突出，在全国教学大赛中获得一等奖；更让教师们欣慰的是，史家小学的学生也屡创佳绩，健美操、击剑、舞蹈表演获得冠军。史家小学的一名学生在国际马术大师赛马主赛中获得亚军。

众所周知，史家小学是一所实施素质教育的学校，学校的培养目标是促进学生全面和谐的发展。史家小学的教师们认为，体育有非常丰富的内涵，其功能也并非只是增强学生的体质。体育的本质是以人的自身为客体、以运动为基本手段进行的特殊的实践活动。它具有多种功能，除了锻炼身体、增强体质的功能以外，随着社会的进步和教育社会化的发展，体育的教育功能越加突出。体育也是一种“育人”过程，但不能将之与教育的“育人”等同起来；必须朝着协调“教育育人”与“体育育人”并使之形成合力的方向发展。

史家小学场地及体育专业教室众多，场馆开放。新校区现有6000平方米的操场，包括七人制足球场1个（塑胶场地）、200米塑胶跑道、3个篮球场、3个手球场、1个标准25米短池游泳馆。现有1个地下综合馆，配备乒乓球馆1个，健身房1个，形体室2个。史家小学的老校舍有100米田径场，标准篮球场，1100平方米综合体育馆，乒乓球厅，形体室各1个。另还有东城区资源课程中心——史家小学基地。基地设置了攀岩、趣味田径、形体等场地设施。

史家小学的课程资源十分丰富，课外活动更是丰富多彩。学校以游泳、乒乓球、篮球、健美操为龙头，以田径为基础，带动足球、跆拳道、击剑、武术、羽毛球等项目的培训，已经形成近20种体育特色项目，给孩子提供了多样化的课程选择，利用课程资源中心（史家小学育芳基地），为史家小学的孩子丰富了体育项目，开拓了眼界，同时培养孩子养成体育锻炼的好习惯。

史家小学积极响应国家号召，认真落实“2+1”工程，以丰富的体育项目活动为依托，以督促检查为手段，以凝练精品为目标，不断丰富学校体育、美育教育模式，努力让学生感受兴趣体育、快乐体育，让学生体验到运动的快乐，贯彻“我运动，我快乐”的理念。在课堂教学等一切体育教育实践中实施快乐教育，有效培养学生才艺特长，力争90%以上的学生通过学习实践都能掌握两项体育运动技能和一项艺术特长。不断加强体育与健康意识的培养，逐渐养成自觉锻炼身体的习惯，为终身发展打下良好的基础。其中以广播操为基础（例如编排了小旗操、花筋操、韵律操、玲珑球操、健美操等丰富学生课间操活动），将特色体育活动、传统体育项目和学生体育兴趣相结合，全面推行大课间体育活动。通过开展多种特色体育活动，学生参加体育活动的时空得到了充分拓展，体育锻炼活动的整体效果也得到了明显增强。同时，学校将系列“阳光体育活动”和保证每天一小时体育锻炼时间作为开展特色活动重要的一项。

多年的工作中，学校努力构建以校园体育节、大型体育活动为主体的校园体育文化体系，着力丰富和创新体育文化活动的内容和形式，促进校园文化的可持续发展。学校坚决贯彻落实学校体育工作条例，建立健全各项体育规章制度，将其融入学校整体的教育规章制度之中，形成符合科学发展观要求的长效机制。学校还建立了“青苹果之家——史家小学青少年健康人格教育基地”。在这个基地，史家小学及联盟校的孩子们可以学习现代健康人格知识，倾听专家讲授中医、国学知识，由专业团训课教师进行团体辅导，享受沙盘游戏带来的乐趣，与父母、专家沟通互动。

作　者

2012 年 8 月

Contents

目录

第2篇 丰富多彩、规范严谨的体育教学实践

第3篇 生动活泼、育体育心的体育教学特色

第1篇

健康第一、身心和谐的体育教学理念

史家小学体育工作的成就首先体现在体育教学的理念先进上。和谐教育理念与体育教学理念是源与流、根与叶的关系。从“一切为了孩子，一切为了明天”这一办学理念出发，史家小学的体育实践努力促进学生全面和谐的发展，体育教学和体育活动面向全体学生，为学生参与体育活动提供多种选择。学校的体育实践把培养学生的兴趣、养成学生的习惯放在首位，体育教师们努力营造和谐、快乐的氛围，让学生的身、心、智、趣得到和谐发展。

第1章 和谐育人

和谐育人，指的是用和谐的理念、和谐的环境、和谐的手段、和谐的方法培育学生。《中共中央国务院关于深化教育改革全面推进素质教育的决定》指出："实施素质教育，必须把德育、智育、体育、美育等有机地统一在教育活动的多个环节中，以使诸方面教育相互渗透、协调发展，促进学生全面发展和健康成长。"党的十七大报告指出："教育是民族振兴的基石，教育公平是社会公平的重要基础。要全面贯彻党的教育方针，坚持育人为本，德育为先，实施素质教育，提高教育现代化水平，培养德智体美全面发展的社会主义建设者和接班人，办好人民满意的教育。"史家小学的"和谐育人"思想在学校的体育工作中得到扎实的落实。学校的每一节体育课，每一次课外活动，每一次师生交往，无不体现和谐育人的思想。从促进每一个学生健康成长的目标出发，史家小学的体育教师不断追求体育教育的本质，不断打造健康积极的体育文化，不断探索和谐育人的方法，力求让每一名学生爱上体育、享受体育。

教育部新颁布的《义务教育体育与健康课程标准》（以下简称《体育课标》）提出，体育教育要坚持“健康第一”的指导思想，促进学生健康成长；体育教育要激发运动兴趣，培养学生体育锻炼的意识和习惯；体育教育要以学生发展为中心，帮助学生学会体育学习和锻炼；体育教育要关注地区差异和个体差异，保证每个学生受益。《体育课标》强调，体育教育应具有鲜明的综合性，是以体育学习为主，同时融合部分保健、卫生、安全、救护知识和技能的课程。它还强调，课程目标、课程内容、过程与方法等多种价值的整合和体现，充分发挥体育的“育人”功能。它认为，学校体育课程是学校课程的重要组成部分，对于实施素质教育，培养学生的爱国主义、集体主义和社会主义精神，促进学生德、智、体、美全面发展等具有重要的作用。由此可见，国家对体育教育特别关注，也是对大教育和谐发展的关注。因此，体育教学内容要打破过去以竞技运动项目为主线的教学内容分类方法，选择内容时要以适应现代社会生活方式变化和满足学生健身、健美、娱乐为宗旨，安排有丰富文化内涵的运动项目。

第1节　从教育的“整体性”来理解体育

体育在增进健康、改善生活方式、提高生活质量等方面，发挥着越来越明显的作用。许多学校在实施体育过程中有许多误区：把体育教育等同于体育课；学校体育等同于竞技体育；体育只关注部分学生的“特长”，绝大多数学生被排斥在享受运动之外；体育关注的仅仅是体质、体能，热衷于跑、跳、投等技能训练；体育教学中教师对学生身心发展的规律认识不到位，甚至违背学生的发展规律；存在体育“孤岛”现象，体育就是体育，与美育无关；学校体育只关注眼前，没有为学生一生的体育兴趣和习惯奠定基础。这实际上是把体育的内涵窄化了。因此，从教育学的视角来认识体育是十分必要的。首先，受教育者的身心是一个有机的整体，孤立发展体能和运动技能的体育都是有害而无益的。其次，体育与德育、智育、美育及劳动技能教育存在着有机的联系，体育不仅是“体”的教育，更是“人”的教育。再次，和谐体育过程是学生的生长发育与体育锻炼密切联系、互相促进的过程。体育与学校教育并非整体与部分之间的关系，体育与德育、美育、智育和劳动教育之间也不是彼此孤立的关系。

史家小学的教师们是站在教育的“整体性”和“终极性”的角度来思考体育的。站在教育的终极价值上来探讨体育，体育的“育人”价值是不言而喻的。但在主智主义、主知主义的教育思潮下，体育被“弱化”了，被“分割”了。史家小学的教师们坚持认为，“体育 + 德育 + 智育 + 美育 + 劳动教育 = 人的全面发展”的公式是不成立的。体育的育人价值体现在与其他各育彼此渗透、相生相融的关系。关于人的全面发展，实际上是一体的两个层面，其一是身体的全面发展，其二是德智体全面发展。忽视其中一个，就实现不了学生的和谐发展。

亚里士多德认为，体育不仅促进人身体的发展，而且应促进人的心智、道德水平的全面提高，引导人接近最高精神境界，接近善本身。他把这种深入于人的内在灵魂的美称为理性享受。实际上，这里所说的理性体育，已经达到了体育与德育、智育、美育的和谐。

史家小学的体育教师在组织体育活动、在课堂教学组织游戏时，都非常注重德育、美育等方面的渗透。教师在传授学生游戏的同时一直遵循一个道理，就是要授之以渔，而不是授之以鱼，让学生学会，如何组织小游戏，如何制定一个游戏的方法和规则，那么孩子们可以自已通过这个游戏，自己创编新的小游戏，从而开发学生思维，活跃课题气氛，锻炼孩子们的身体。一位教师在体育课上组织了一个游戏。这个游戏也是教师们外出培训学回来的，后来被改良后在课堂上实施。教师给每位学生发一个小布包，让他们顶在头上，这个小布包代表电池，学生们扮演的是机器人，机器人放上电池才能动。学生放上这个小布包以后可以在场地中自由行走，但是布包一旦掉下来就要保持原地不动。教师告诉孩子们，布包一旦掉下来，机器人就没电了，只能站在原地不动，这个时候需要其他的机器人来救他，帮忙把电池重新安装回去，才能继续走。游戏开始的时候，孩子可以扶着头上的“电池”把地上的包捡起来，帮其他同学放上，两个人都可以动了。后来慢慢加大游戏的难度，捡包的时候不能用手扶，很有可能在捡包的同时，自己的包也掉在地上了。这时，教师就告诉学生，如果自己的包掉在地上也不能动了，就需要第三个人来救他们。

游戏做完后学生们就会懂得一个道理，要帮助别人，但是在帮助别人的同时要先保护好自己。教师问学生们：“你们感觉什么时候最难受？”出乎意料，孩子的回答不是包掉在地上的时候最难受，却说：“走到需要帮助的同学身边，我的包掉在地上了，我帮不了他，这时我是最难受的。他叫我来救他，但是我没有帮了他，我最难受。”教师再问他，通过这个游戏得到了一个什么道理，学生说：“我明白了，我帮助别人的时候要先保护好自己，然后再去帮助他，这样我们两个就都不会受到伤害。”这就是对学生的一种渗透式的教育。这只是史家小学教师们工作中的一个很小的例子，每一位教师都视育人为己任，精心设计每一个教学环节、每一个教学内容，就是为了让学生收获的不只是体育知识或技能，还有更丰富的情感体验、美感体验和道德体验。

第2节　德育、美育、情感教育在体育教学中的渗透

史家小学的体育教师提倡并践行德育、美育、情感教育在体育教学中的渗透，在体育实践中注重对学生人格的引导。

苏联曾指出："体育是形成人的道德和精神面貌的积极社会手段，促进人的全面协调发展……"美国曾提出："学校体育是一种巨大的教育力量。"芬兰曾提出："体育在道德和教育方面，能培养与社会接触的能力，为他人着想，为人正派的品质。"

德育渗透，其特点是寓教育于体育活动中，同其他学科比较具有明显的优势和得天独厚的条件。体育学科是学校中开设年限最长的一门学科，也是各学科中唯一的一门从幼儿园一直开设到大学的必修课程。学生在整个学校生活中都接受体育教育，通过体育教学，保证了学生从幼儿园直到大学，连续地接受思想品德教育。学生的各种思想意识和言行等一般不是表现在口头上，而是从他们的实际行动中表露出来的。而体育与健康教学不同于其他学科的一个显著特点，主要是通过各种身体练习和活动进行的。教师根据学生反映出来的言行，及时并有针对性地进行德育渗透，既具体又实际，其效果是有些学科所不及的，容易收到事半功倍的效果。体育学科的教学内容，本身就具有广泛的、较强的思想性和丰富的教育因素，它处处与人的思想道德、意志品质紧密地联系在一起。体育教学中既要发挥其德育渗透的优势，还要根据事态形成发展过程，适时进行教育。所谓适时就是时机问题，因此，每位体育教师都应当在课程中把握住有利的时机，培养学生的优良品质。例如：通过耐久跑一课激发学生克服困难、挑战自我、顽强拼搏的精神；在接力跑中，通过学生间的配合，提高集体配合能力，培养合作意识、团队精神荣誉感；在跳高中，培养学生勇敢、果断等心理品质。

通过体育教学，培养学生自我素质提高和能力发展。体育教学以身体活动为主要形式，而身体活动并不仅仅是生理上的作用，它还伴随着知识的信息、心理的活动、情感的体验等一系列因素的同时出现；通过体育教学，可以培养学生自我控制能力和心理调节能力。体育教学中，学生的思想、能力、意志、情绪、态度等特征暴露特别快。通过体育教学，可以培养学生文明的行为规范和高尚的道德修养。体育教学具有形态化的特征，学生以个体或群体的形式参与各种身体活动。在活动中通过互相接触、切磋、合作、对抗等等，个体与个体之间，个体与集体之间，人际关系的交流更直接、更广泛，形成了一个特定的课堂社会，在某种程度上满足了学生进入启蒙社会的心理需要；通过体育教学培养学生坦然面对现实、勇于正视不足的精神；通过大型活动，彰显学生风貌，全面提高身体素质。因此，在体育教学实践中要激发学生的兴趣，发挥学生的主体性，推动教学的创新性发展。

例如，一次接力跑的练习中，教师反复教授孩子们传、接棒的动作，经学生熟练掌握以后，便进入技术的巩固提高阶段，教师进行合理的分组后，开始接力的小游戏，小 A 同学身体素质特好，跑起来飞快，但是传接棒的时候发生了失误，棒掉在了地上，大家都蹦着嚷着“快捡起来”，但是谁都没有帮助他，导致比赛得了倒数第一名，同学们都互相埋怨起来，小 A 低下了头，眼泪都要流出来了。这时候教师走到同学身边，把小 A 揽在怀里说：“这是一个集体项目，没有拿到第一大家应该第一时间总结经验，而不是互相埋怨。为什么没有拿到第一名？是因为接力棒掉在地上，但谁都只是埋怨，而没有去捡起来。老师相信，只要团结一致，凭借小 A 的力量，一定能够取得胜利。”接下来的时间，孩子们互相帮助，把传接棒的过程做得更加连贯，两人配合协调，比赛又开始了，大家都为本组比赛加油，小 A 的组果然凭借自己的实力取得了第一名。比赛总会有输赢，但是教师要教会孩子们比赛只是一种形式，输赢不重要，在比赛过程中，老师会发现很多孩子的闪光点，比如乐于助人的小 C，为同学们出谋划策的小 B，为大家奉献的小 D，还有永不服输的小 E 等等。

卓立校长曾经说过，好孩子都是夸出来的。教师在上体育课的时候，会组织很多的小游戏，比如接力形式奔跑类的，总会有输有赢，老师在做完一次小游戏的时候引导孩子们，输赢不是关键，关键在于谁遵守了规则，哪个队最和谐，懂得为队员加油助威；哪个队最团结，互相鼓励，在每堂课上，发现孩子的优点，哪怕是一点点，也许都会改变孩子的一生。

体育与非智力因素的培养关系非常密切。素质教育的目的不仅仅要教授知识，更重要的是教会学生如何做人、如何求知、如何健体、如何生活、如何审美等，为学生今后的成长打好各方面的基础。体育教学融知识、技能、素质、道德、意志与情感为一体，比其他学科更具有实践性和技能性。因此，通过体育教学与课余锻炼，培养学生浓厚的兴趣，使之形成开朗、自信、乐观等良好的心理品质和友爱互助的思想品质及锲而不舍、坚忍不拔、敢于面对困难、战胜自我的进取精神。

第3节　和谐的师生关系是和谐育人的基石

和谐的师生关系对学生发展的促进作用不可低估。教育过程中最重要的关系莫过于师生关系。史家小学的教师们认为，和谐教育的基础是和谐的师生关系，如果师生关系处于一种平等、信任、理解的状态，那么它所营造的和谐、愉悦的教育氛围必然会产生良好的教育效果。优化师生关系可以为学生健全人格的形成与综合素质的提高打下良好基础。尊重和信任是沟通师生情感的桥梁。马卡连柯说过："要尽量多地要求一个人，也要尽量可能地尊重一个人。"尊重学生，就是尊重学生的人格，允许学生在思想、感情和行为中表现出一定的独立性，给他们提供更大的独立的活动空间。因此，史家小学的教师主动贴近学生，和学生建立平等的关系，要放下架子，蹲下身子用爱心感化他们，尊重每个学生的人格，教师与学生之间的关系更像是朋友关系。师生关系融洽能够消除学生的紧张心理，从而调动学生课堂参与的积极性。史家小学的体育教师充分尊重学生的主体地位，是学生的帮助者和引领者。

不只是体育教师，史家小学的所有教师都非常尊重学生、关心学生，绝对不能大声呵斥学生，注意保护学生的自尊心。史家小学的体育教师与学生的关系非常融洽。学校低年级部和高年级部的体育组设在学校操场旁边，一是为了方便上课，二是方便保护学生。学生一旦在玩耍过程中出现意外情况，体育教师可以立刻冲到操场帮助学生。每当课间或午休时间，体育组的办公室是最吸引学生的地方。有时候学生会与教师轻松地聊天，把学习生活中的一些烦恼对教师们讲，体育教师就会力所能及地沟通，帮助学生化解。这样的事情几乎每天都发生，体育教师点点滴滴的话语和行动都在育人。

在史家小学的校园里，经常可以看到这样的景象：课间体育教师走在操场上，有的学生一下子就把教师抱住。在低年级部，一二年级的学生经常高兴地把体育教师围住。东城区教研员马龙老师看到这种情景之后说：“学生与你们的关系真融洽。孩子们全都过来抱着你，是因为特别喜欢你。”体育组不只一两位教师受到欢迎，所有体育教师与学生的关系都非常融洽。有些体育教师与住宿部的学生吃住在一起，感情尤其深厚。教师们由衷地感到在工作中教书育人，获得了学生真心的喜爱。虽然工作中会感到有些疲惫，但收获了许多，找到了工作的价值，也体验到了学生带来的幸福感。

第2章
学生发展

史家小学的体育教师们认为，实施一切教育活动的前提是尊重儿童。在进行体育教育活动时要遵循儿童身心发展的规律，教学设计要符合学生的心理特点和发展需求。教学中体现学生主导、学生参与的原则，体育活动要为学生发展服务。

要正确理解体育与学生发展的关系，需要从两个角度理解。首先，体育与学生全面发展的关系，这一点前面已经论述，在此不再重复。其次，体育与学生个性发展的关系。史家小学的体育教师认为，体育不是少数学生的专利，应该让每一位学生通过体育获得更好的发展。因此，教师必须深入了解学生的发展需求，为学生提供适宜的教育内容，以适当的方法来促进学生的发展。

在史家小学的操场上，经常可以看到体育教师使用区别对待、因材施教、合理分组等练习手段，针对不同类型学生的实际水平，使用针对不同孩子的练习方法，充分体现以学生为本的教育，比如：障碍跑一课中，有的孩子在高的障碍物上跨越，有的孩子在较为矮的物体前跳跃；跨越式跳高课，通常的横杆是水平的，这里可以看到一头高、一头低的横杆，还有多种水平的高度供学生选择。孩子们找到适合自己的高度，掌握了技能，减少了恐惧心理，慢慢地对体育有了很大的兴趣和爱好。

第1节　为了一切学生的发展

史家小学在体育教育工作中体现的“和谐”贯穿着七个字——“以学生发展为本”。而这里的学生是所有的学生，而不是少数学生。史家小学的体育课堂教学，从教学计划的制订、教学目标的设置、具体课堂教学的实施，都是以促进学生发展为主，真正体现以学生为主体的原则。

史家小学的学生知识面广、思维灵活，这与教师平时的引导有很大的关系。在体育课上，安全为第一要素，在保障安全的前提下来贯彻教学目标和教育方法。学校在保障安全的情况下，以发展学生兴趣为主，根据学生的兴趣来安排教学的内容。学校要时刻强调安全，但教师们不会为了强调安全而忽略了孩子们的一些兴趣，不会为了担心安全就放弃教授一些内容，学校是要在保证安全的前提下，最大限度地调动学生的积极性，培养学生的兴趣，培养大家参加体育的热情，这一点体现出“以学生发展为本”。

体育教师在上课之前最重要的是理解教材，在吃透的基础上自己去体验每一个动作和技巧，把自己当成学生，在练习的过程当中体会学生可能在哪里遇到困难。教师体验之后还会让学生演练一遍，看他们第一次学习这个动作技能时会出现什么问题，记录下来进行反思，然后再针对这些问题去寻找解决的办法，这就是史家小学特有的教育方式。体育教师的教案设计严谨、规范，教学内容和教学组织过程富于科学性，适合学生的特点，对学生的指导和示范都很有针对性，这些都是源于教师们对学生的认识和对体育教学规律的把握。

第2节　体育为学生发展保驾护航

有这样一种说法：健康是“1”，其他都是跟在后面的“0”。没有了1，其他都将为0；有了1，人生将拥有无限可能。对学生来说，健康的身心是学生学习生活的重要基础。

体育教学必须从转变学生的学习态度、学习情感入手，使学生由被动、机械地学习转变为主动、创造性地学习。教师是课堂心理环境、课堂氛围的直接创造者。教师要根据教学内容，了解学生已有的知识经验，找准学习的起点。教师尽可能做到对教材既能钻进去，又能跳出来，发挥教师自身的创造性，以体育特有的美感和自己的教学特色与魅力去感染学生，将抽象知识融入生动形象的课堂教学活动中去，创设具体的教学情境，激起学生的好奇心和求知欲，使学生进入“心求通而未达，口欲言而未能”的境界，从而打开思维的闸门，创设全员参与的学习氛围。教师还注意到应充分利用一些直观的教学手段，同时交给学生一些时间去想象、去思考，抓住事物的本质特征来探讨，使学生通过现象看到本质，在探究与争论中学会认识事物、探究知识的方法。通过这样的学习过程让学生感受到学习体育有意思，从而激发学生学习体育的兴趣，由此产生强烈的学习需求，使学生形成持久的学习内驱力。

意识到体育对于学生身心发展的重要作用，教师们不但注重言传，还注重身教。学校打第一遍铃的时候，体育教师就已经走到操场上等待学生们。上课的过程中，教师的着装、语言、站姿、示范都要做到规范。学校的体育工作也有各种各样的制度，教师们按照学校的制度来完成这一天的工作。教师们非常注重为人师表，在学校里一定要时时处处给学生做出榜样，规范自己的言行。

第3章 兴趣为先

“健康第一”的指导思想为体育教学目标改革确立了方向。体育运动的许多内容本来就是从娱乐活动中发展起来的。教师要培养学生的体育娱乐能力，在教学中有意识地让学生体验运动乐趣，把握运动特点，学习创造娱乐方法。

兴趣和习惯，对学生尤其是对小学生来说，其重要性如何强调都不会过分。小学体育为学生一生奠基，就要突出强调培养学生的兴趣和习惯。小学生的运动参与动机的形成是形成终身体育思想的核心阶段，要通过各种方式来引导参与动机的形成，为小学生的终身体育思想打下坚实的基础。为了调动学生的兴趣，在体育课堂教学中采用适合学生年龄特点的、学生喜闻乐见的教学方式和方法，让学生主动参与、快乐体验。因此，史家小学不断丰富学校体育、美育教育模式，贯彻“我运动，我快乐”的理念。

第1节　采用适合学生心理特点的教学方法

为了调动学生的学习兴趣，史家小学教师们采用适合低年级学生特点的教学方法——游戏法。体育教学以游戏为主，但并不是单纯的游戏，所有的教学目标和教学的设计以游戏为主线，把教学目标的要求穿插在其中，这样就能够达到寓教于乐的效果，而不会是彼此孤立的两部分。史家小学的体育教学中，传授体育技能就和游戏是有机地结合起来的。游戏有利于学生集中注意力，按照学生注意力的规律，他们全神贯注的时间大约只有十几分钟，教师就要抓住这个有限的时间把该传授的知识和技能完成，如果40分钟全部让学生练习，学生会觉得枯燥，丧失兴趣。教师把基本的内容教给学生以后，剩下的时间就选择相关技术的范围内的游戏，吸引学生的注意力，学生不但学会基本技能，还体验到了游戏和竞赛带来的快乐。

学生对体育活动往往是先从直接兴趣开始，即对体育活动本身有兴趣。因此，教师在选择和安排教学内容及其方法时要考虑到不同年龄、性别学生的体育直接兴趣，吸引他们参与。体育课有些教学内容可能对学生来讲比较枯燥，不能引起他们的直接兴趣。同样是快速跑，应给学生的感觉是常跑常新。耐久跑可以穿插一些图形跑、自然地形跑、定时跑、追逐跑、轮流领先跑的方法手段，变枯燥单调为多样有趣，比较容易为学生所接受。营造氛围，为学生提供多种选择。让学生爱上体育，积极参与体育活动。

为了调动学生的兴趣，史家小学的课堂教学采用了一些富有特色的教学方法：口令法、游戏法、情境法等。这些方法不但让学生在玩中学到了知识和技能，同时学会了交往沟通，获得了对体育活动积极的情感体验。

第2节　从“要我学”转向“我要学”

史家小学各个学科的教学都非常注重培养学生的兴趣。学校是一种引导式的教育，着重引导和培养孩子的兴趣，让学生愿意学，从“要我学”向“我要学”转变。如果学生有了兴趣，他会想尽一切办法把事情做好，追着教师问明白。教师注重培养孩子的兴趣，让学生自己投入其中。

学校聘请了许多专业的体育教练，也是为了激发学生对体育的兴趣。虽然教师们都有一定的专长，但与专业运动员相比可能还有一定的差距。请专业的教练来教学生某一项运动，学生的基础更扎实，可持续发展的能力更强，同时专业教练对学生非常有吸引力。学生有这样一种心理：刚开始他对某一项运动的喜欢源于对任课教师的崇拜和喜欢。史家小学的体育教师认为，乐学是第一位的，聘请专业的教练辅助、帮助教师们，对培养孩子的兴趣非常有帮助。而学生一旦喜欢，并有了教练高超技能水平的吸引，学生会全身心地投入这项运动。

史家小学有许多体育特长生，教师们对这些学生的培养也并非揠苗助长，而是从兴趣开始培养。凭借“特长生”的证书，他们一般可以进入优质中学进行学习。教师们愿意给学生们搭建一个平台，让他们有一个更好的出路，他们也许不会沿着这条路一直走下去，但是会让他们在升学中更有优势。即便将来不用这个证书去上中学，这个证书对他来讲也是一种财富。现在多才多艺的学生很多，竞争也很激烈。这些特长生是如何培养出来的？史家小学的教师们不主张机械地训练，培养孩子的兴趣是第一步，教师们想办法让他们喜欢上这个项目，从喜欢这个项目的学生里面，再挑选在这个项目上有发展的学生，对他进行培养。

第3节　让学生享受运动本身带来的乐趣

对于大多数学生，他们不一定在体育方面有特长，教师们以培养兴趣为主，教师引导学生喜欢某个项目，喜欢运动，让学生自主地参与到运动中来。学校倡导每天锻炼一小时，教师引导学生自觉地锻炼，这种方式更有效。学生一旦喜欢某个项目，他对这项运动就会坚持下来，从而有可能成为他一生的爱好或习惯。教师们认为，每天锻炼一小时，不只在学校锻炼，在家也应该坚持锻炼，体育教师能为他们做的，就是教会一项技能，培养一个兴趣，造就一种习惯。

在日常教学活动中，史家小学的体育教师们尽量增加教学的趣味性，比如跳绳。跳绳可能大部分学生在幼儿园就会，如果让学生重复老式的跳法，学生肯定不感兴趣。那如何调动学生对这项运动的兴趣呢？体育组专门从民族大学请专业的跳绳教师来教史家小学的教师。这样，教师们在体育课上传授给学生花式跳绳。花式跳绳让学生感到新鲜、有趣，但掌握起来并不容易，富于挑战性，这反而调动起了学生的兴趣，全都跃跃欲试。

史家小学也充分发挥环境育人的功能，通过营造学校体育文化，来调动学生参与运动的积极性。学校大型体育活动和各项比赛为学生营造了参与体育、热爱运动的氛围。

第4节　教师用自身的魅力激发学生对体育的热爱

史家小学体育教师共同特点就是一专多能，每位老师都有一项专项，也就是特长，有很多教师都是国家级健将，专业水平高。而多能是指，所有教师都必须掌握田径、体操、球类等教师基本功内容，史家小学教师多次获得东城区体育教学基本功大赛前几名好成绩，教师整体水平排在东城区前列。

史家小学的每一位体育教师都有一个强项，力求教给学生最正确、最好的体育知识和技能。有好多教师曾经是国家级健将，有的教师甚至曾拿过全国冠军，专业水平很高，下队之后到大学学习进修，大学毕业之后到学校来当教师。教师竞技水平很高，他们无形中向学生传达体育精神层面的感受，这是刚刚接触这个项目的教师无法向学生渗透的。一位教师在刚毕业那年带学校的游泳队，有的学生就表现出很不服气的样子："老师，我们一起来个游泳比赛吧。"这位教师立刻下水游了一次，后来，这名学生的妈妈告诉教师："她立刻就崇拜你了，她现在只听你的话，因为她觉得老师水平比她高好多，认为这样的老师教她，她一定能学得特别好。"

体育项目多种多样，学生的爱好也各不相同，当学生在体育方面遇到不懂的知识就会找体育教师帮忙解决。体育教师必须具有较全面的专业知识和技能，才不会出现尴尬的场面，教学过程也才会得心应手，也才会赢得学生的信任、欢迎，提高学生的运动兴趣。

让学生近距离地与体育明星交流，也是激发学生体育兴趣的有效途径。学校每次组织大型活动，都会邀请知名运动员，让学生开拓学生眼界，培养孩子们热爱体育的运动兴趣。大型运动会赛场你会发现王治郅、田亮、胡佳、许海峰、张国政、朱芳雨的身影；学校还曾邀请姚明与学生一起过"六一"儿童节，伴着《姚明之歌》的旋律，姚明与夫人叶莉出现在史家小学，偕同林丹、谢杏芳、濮存昕、郭德纲、刘仪伟、纪敏佳、杨紫等与学生共同迎接"六一"儿童节，发出对学生们的祝愿；"台球巨星史家之行"邀请到吉米·怀特、马丁·古尔德、付小芳和刘莎莎与小朋友一起体验台球带来的快乐；"奥运会倒计时 100 天"，菲尔普斯、郭晶晶来到学校。学生们近距离地与这些体育明星接触，激起他们热爱体育的情感。

第 4 章 快乐教育

让学生体验到运动的快乐，贯彻“我运动，我快乐”的理念。在课堂教学等一切体育教育实践中实施快乐教育。

第1节　寓教于乐

史家小学的体育课严格按照四段教学法进行，其中必须设置游戏环节，不断翻新的游戏，让学生们在玩中掌握体育技能，提高身体素质，越来越多的孩子喜欢上了体育课。

《体育课标》要求教师能使学生在“玩中学、学中乐”，针对这一理念，教师应采用灵活多样的教学方法和丰富多变的教学手段，开放性、趣味性的游戏使每位学生都融入教学情境之中，使学生真正感觉到体育课是在游戏而不是在进行艰苦的训练（如在体能训练中的蛙跳）。

冬季长跑这项课间体育锻炼是令很多学生发憷的活动，史家小学为此编制了一些特定的情景，让学生在其中扮演角色，在游戏中达到冬季锻炼的目的。

比如一二年级的小学生，把他们编成一列小火车，目的地是动物园，终点摆一些动物模型、头饰等道具，跑到终点后，学生们戴上头饰，做模仿动物的体操。体操也是教师们开动脑筋编出来的。此外，先到的学生还可以得到一枚印章，到了期末，印章最多的学生还有机会获得“体育之星”的称号。出勤率高、态度认真等都可以获得印章，这样就避免了先天身体素质差的同学永远不可能获得印章的现象。

第2节　善于激励

激励是一种语言艺术，也是激发学生体育学习兴趣的一种最重要的手段，学生做得正确，教师应给予鼓励；做得错误，给予引导，绝不讽刺挖苦，要增强他们的自信心，从而激发学习兴趣，这更有利于提高他们的学习成绩。教师善于使用激励性的语言能够影响孩子的一生，使他们终生受益，或许还能培养出优秀的体育健儿。作为一名体育教师，应用爱心呵护学生的心灵，让体育教学形式多种多样，要灵活多变、丰富多彩，让每个学生都感到上体育课是一种乐趣，让他们成为意志坚强、身体健康、有益于社会的新一代。

史家小学体育教师在对学生评价时注重对学生的激励。史家小学对学生体育学习评价的形式包括：教师评价、集体评价、学生间互评。而教师评价包括：口头评价、感情评价、肢体评价、实物评价、展板表格评价等，在学生学习过程中教师的一个眼神、一种表情、一个微笑对学生都是一种肯定、表扬或否定的制止。评价语言应该是多层次多角度的评价，比如“你瞧，你比上次进步多了，再来一次！”“你能行，老师相信你！”“不错，锻炼很认真！”“你真棒，做一次给大家看！”等激励性的语句进行评价，从而使他们产生强大的内驱动力，提高他们锻炼的积极性和主动性。让激励的语言贯穿体育教学的全过程。而学生之间的评价与集体评价会大大增进学生们之间的友谊和团队意识。

史家小学激励学生的手段非常多，除了前面提到的小印章以外，教师们还想出了很多激励学生参与运动的方法。在低年级部，学生们每走到校园就会不由自主地走到门口右侧的宣传栏前面。宣传栏里显示的是低年级部所有班级课间操出勤、纪律和做操质量等情况。做得好的是一面鲜红色的小旗，一般的是浅色的小旗，而做得不好的是灰色的小旗。别看这小小的旗子，这可意味着班级的集体荣誉，学生非常在意。通过这种评价方式，学生自觉地在上课间操时做好每一个动作，如果某个学生有所松懈，旁边的同学还会提醒。这不但保证了全校上操的质量，还培养了学生的集体荣誉感。

第2篇 丰富多彩、规范严谨的体育教学实践

史家小学的体育教学实践丰富多彩。“上好每一节体育课”是落实学生培养目标的重要阵地。史家小学课堂教学严谨规范。“每一节课都是公开课”，这句话已经深入每位体育教师的心中。在把握了体育的本质内涵之后，史家小学的体育实践并不局限于课堂教学，还有形式多样的体育课外活动。学校的课外活动具有内容丰富、形式多样、参与程度高的特点。另外，史家小学的体育教学资源丰富，硬件条件优越，校本课程资源丰富，兴趣小组活动富于成效，在这个基础上，实现了校内资源和校外资源整合。

第5章

“一小时体育锻炼”：提高学生健康水平的突破口

走进史家小学校园，你会感受到一种勃勃生机与活力：每天上午第二节课后的大课间和午后体育活动课，几乎全体学生都会涌到操场上。伴随着激昂、欢乐的乐曲声，有激情飞扬的小球比赛；有队列、广播操、健康长跑、集体舞；有拔河、趣味游戏，五彩的健身圈转起来了，大绳、小绳下孩子们跳起来了，皮球在跳跃，毽子、沙包在飞舞，滑板车穿梭自如……阳光下，操场上，校园里师生人人参与，积极锻炼，学生在强身健体的运动中学会了团结协作，学会了顽强拼搏，学会了积极进取。他们脸上绽放的幸福笑容，为整个校园带来浓郁的欢乐气氛。

“我运动，我快乐”，孩子们的笑容如花朵一样绽放。在中小学生学业负担沉重的今天，能见到这样的情景并不容易。然而，多年来，在史家小学，这样的景象却司空见惯。这一切得益于史家小学实施素质教育，坚持贯彻“健康第一”的指导思想。史家小学体育大课间活动蓬勃开展，将阳光体育精神融入学校生活的每一天。

当前中小学生在身体素质锻炼上存在“两多两少”的现象：一是动作缓

慢的小胖墩多，反应敏捷的小灵猴少；二是静坐发蔫的多，活蹦乱跳的少。史家小学始终坚持德智体全面发展，让身与心完美结合。将体育和智育相结合。坚持内优外联，积极盘活各类体育教育资源。充分利用学校园区各类空间，因地制宜建立规模适中、功能多样的各类运动场、活动室。让学生们走到阳光下、走向操场、走向大自然。

《中共中央国务院关于加强青少年体育增强青少年体质的意见》中提出，增强青少年体质、促进青少年健康成长，是关系国家和民族未来的大事；一定要高度重视青少年体育工作；广大青少年身心健康、体魄强健、意志坚强、充满活力，是一个民族旺盛生命力的体现，是社会文明进步的标志，是国家综合实力的重要方面；要确保学生每天锻炼一小时（“一小时体育锻炼”）；中小学要认真执行国家课程标准，保质保量上好体育课，其中小学 1~2 年级每周 4 课时，小学 3~6 年级和初中每周 3 课时，高中每周 2 课时；没有体育课的当天，学校必须在下午课后组织学生进行一小时集体体育锻炼并将其列入教学计划；全面实行大课间体育活动制度，每天上午统一安排 25~30 分钟的大课间体育活动，认真组织学生做好广播体操、开展集体体育活动；寄宿制学校要坚持每天出早操；高等学校要加强体育课程管理，把课外体育活动纳入学校日常教学计划，使每个学生每周至少参加 3 次课外体育锻炼。各级教育行政部门要提出每天锻炼一小时的具体要求并抓好落实。

为了落实《国家学生体质健康标准》，丰富校园文化生活，检验学生的体质健康水平，促进学生的全面发展，按照东城区教委要求，学校在体育馆设置了体质健康专门的测试点，并配有专用的测试仪器存放室，有专人负责定期检查，测试前对老师们进行培训，确保测试数据的准确性。为了提高学生们的健康水平，充分利用课上、课下加强健康考评项目训练，强化测试要求，并进行体质考评测试，在练习中强调学生的参与过程，让学生通过上体育课达到锻炼身体的目的。通过全体教师的不懈努力，史家小学学生经测试健康考评优秀人数占全体测试人数的21%、良好人数占66%、及格人数占9%，全校合格率达到了96%。史家小学连续三年东城区体质健康抽测，考评成绩在东城区名列前茅。

为了提高学生身体素质，学校积极响应阳光体育号召，在体育俱乐部配合下，重视课外活动开展。学校除经常组织小型体育竞赛外，还组织了形式多样的学生喜欢的课外活动，如花样跳绳、小足球、小篮球、武术、跆拳道、健美操等兴趣班和培训班。在普及群体活动的同时，学校常年坚持乒乓球队、田径队、手球队训练，并取得辉煌成绩。校手球队连续三次获全国小学生手球锦标赛冠军，并且作为全国冠军赴台湾地区进行交流比赛，全国政协主席贾庆林同志到史家小学调研工作时还专门接见了小球员，并勉励他们努力训练将来为国争光。2008年，史家小学被北京市命名为奥林匹克教育融入阳光体育活动示范校。

为确保学校体育工作的可持续发展，史家小学遵循以下三方面的结合。

1. 体育活动的内容和季节相结合

随着季节的变化，各校分别设计了适合于不同季节开展的大课间和体育活动。如冬季开展游泳、跑步、跳绳和踢毽等活动项目，春秋两季的放风筝、自编操、武术和球类项目，夏季开展的趣味游戏、棋类、游泳等活动竞赛项目。通过反复论证和实践，季节性体育活动推动了中小学群众性的体育活动和竞赛的开展，大大提高了学生参加体育活动的兴趣和实效性，学生的身体素质也明显得到了增强。

2. 课内与课外相结合

课外体育活动是学校体育课教学的延伸。通过课堂学习传授学生基本的体育理论知识和基本技能，培养学生坚韧、刻苦、协作、勇敢的品质，同时更加注重学生终身体育习惯的培养。对于体育活动，体育教师针对性别、年龄、兴趣的差异因材施教，以体育作业的形式，在班主任和家长的积极配合下，安排每天、每周的体育活动内容。同时，引导学生积极参加大课间体育活动、拓展活动课、体育社团、体育活动小组进行针对性较强的体育活动，在提高学生身体素质的同时，学生的体育技能也得到了明显提高。

3. 体育活动的普及与提高相结合

在抓好每天一小时体育活动的同时，学校还成立了各类特长队，常年坚持活动和训练。从小学一年级开始，体育教师就对一部分身体素质好，有一定运动特长并且对某项体育活动有兴趣的同学进行选拔，组建学校田径、足球、篮球、速滑、乒乓球、健美操等训练队。以科学的训练计划和指导，严格管理，坚持常年训练。史家小学以培养体育后备人才为龙头，涌现出了一批市优秀教练员，近三年向国家、省、市和上级学校输送优秀运动员 320 余人，推动了学校群众性体育活动的持续发展。

史家小学积极响应市区教委对“一小时体育锻炼”工作的要求，确保练习时间；确保练习场地；确保练习内容的落实。史家小学一小时体育锻炼的安排是这样的：体育课（40 分钟）+ 广播操（30 分钟）+ 体育锻炼（30 分钟）+ 大课间（30 分钟）。

第1节　常规教学：“向课堂40分钟要效益”

“严谨规范”是史家小学体育的课堂教学特色之一。史家小学的课堂教学的每一个环节都要求做到严谨规范，从备课，到上课，再到课后反思，史家小学都有严格的要求，以保证课堂教学的实效性。史家小学的体育实践非常“丰富多彩”，首先，史家小学的体育教育内容非常丰富，学校有非常丰富的校本课程资源，项目繁多的兴趣小组也让学生兴奋不已……其次，学校的体育教育形式非常多样，体育节、万人亲子运动会这些大型体育运动让学生体验到了运动的快乐。史家体育常规教学最突出的特点是规范。这种规范体现在四个方面：教学环节规范，目标落实规范，教学口令规范，教学准备规范。

1. 教学环节规范

一般来说，体育教学分为四部分，即开始、准备、基本和结束四个部分，史家小学每位教师上课时都会严格沿着这四个步骤进行，缺一不可。而且这四个部分都有精确的时间要求，开始部分为3分钟，准备部分7分钟，基本部分20分钟，结束部分10分钟，一共40分钟。开始部分包括常规、队列，无论是否有人听课，这些步骤都不会省略。史家小学的教师一板一眼地按照这个步骤执行。

史家小学有这样一种观念：每一节课都是公开课。从学生的发展角度来说，必须把每节体育课的教学目标落到实处，让学生获得最大限度的发展。另外，作为一所在全国有着较大影响力的学校，几乎每周都会有来自全国各地的教师工作者来学校参观考察。史家小学随时都有接待课，或者参观学校的人随时都会从操场上走过。那么，户外的体育课不可避免地在不经意间被"检阅"。因此，教师们都具有这样自觉意识：为了学生的发展，为了维护学校的品牌，体育教师必须认真对待每一节课，对待上课的每一分钟。教师的每一节课可能不像展示课准备的那么充分，但是每个流程都不可或缺。不会说不做课就忽视了这些常规。史家小学体育教师每一天都向学生渗透这些规范的要求。无论是何时观摩体育课堂，上课时不用特意嘱咐学生，学生与教师自动达成默契，队长自动报告人数。有时候教师一个眼神，学生们就会知道教师的意图。这反映出教师平时要求规范，常规渗透得好。

史家小学曾经发生过一件与"课堂常规"有关的趣事。学校新来的一位教师实习，他先看教师们上课，然后试讲。史家小学的教师们平时都这样要求：教师站好了之后，对学生点头，学生就喊立正。那天，这位实习教师不是想点头，就是想说话，他做了一个特别微妙的动作，结果队长马上喊立正，全班同学就都站直了，当时这位教师一下愣住了。

这就是平时的课堂常规渗透。这造就了史家小学的学生课上得特别规矩，可能年轻教师不能像老教师那样做到收放自如，但学生懂得规矩，教师想放开让他们玩就能放开，想收的时候还能收回来，这一点在北京市东城区都是比较有名的。有好多教师跨校做课时，一般都会选择史家小学，因为史家的孩子有规矩，这种规矩是平时教师点点滴滴地渗透、要求出来的。

教师在任何工作中，都不忘向学生渗透规则意识。课间学生来体育组借球，学生拿到球之后要登记，归还时要签字。这看似是一件小事，但实质上是教师在向学生渗透一种规矩。这种周而复始的教育，渗透在点点滴滴当中。教师们做的每一件事都在渗透着帮助孩子们建立成人般的思考。

2. 目标落实规范

在史家小学总体和谐氛围的影响下，体育组也有一种认真的风气，这些都是老教师们带出来的。遇到学生学不会的动作，教师不会没有耐心，但也不会让学生马虎过关，一定想各种办法让学生做对、做好。教师上课时的要求一定要落实，不能因为时间不够就不做，或者马马虎虎走过场，这样，学生们就会认为教师不守信用。教师对孩子的态度也是一种教育。对学生要求不妥协，教师无形中树立了一种威严。学生做好之后教师可以给他们奖励，比如做游戏，准备小贴画或小糖果发给孩子们，这对学生们是一种鼓励。上课时首先把十分钟应该掌握的内容学好，达到教师的要求，剩下的时间就是痛痛快快地参与教师的游戏。时间久了，本来需要三分钟练完的东西，学生两分钟就能完成了。教师对学生很多的教育作用日积月累地对学生产生了潜移默化的影响。

对于很多学校不敢在体育课上安排的双杠、跳箱之类的“危险项目”，史家小学并不回避，而是常年坚持，并且得到了家长的认可和支持。让“危险项目”不再危险，源于史家小学领导的重视，教师的高素质和责任心。对于难度高一点的动作，史家小学体育教师们所准备的保护措施比较全面，要是一般的学校，比如说分腿腾跃，考虑到这个动作会给学生带来一定的危险，恐怕就不教了。在史家小学，只要教学大纲要求的内容，教师们都尽量教给学生，哪怕为多垫几块垫子，需要两位教师一起进行教学，也要让学生多锻炼，多知道一些他们平时接触不到的运动，比如单杠等项目。

史家小学一直坚持上跳箱课，学生很喜欢这个项目，而且只要教师组织合理，一般不会出现问题。张东海老师的支撑跳跃课还获得了2011年度"东兴杯"教学大赛一等奖。现在史家小学的高年级部共有18位体育教师，除一位年纪较大即将退休之外，其余17位教师本科以上学历，年轻教师均是体育大学和首都师范大学的毕业生。年轻教师对"危险项目"的教学并不犯怵，认为只要检查好器材，组织好学生，把动作的规范性讲透，让学生注意安全就行了。史家小学每一个跳马、跳箱前面都贴着"谨慎保护"的字条，把工作做到家，"危险项目"就不再危险，学生能享受到挑战自我带来的乐趣。

有一位刚从其他学校调过来的教师，进入史家小学工作遇到的问题是不会写"教学进度"，连改过二十几次。作为一个体育教师，不是只上体育课，教学内容安排合理，这一项运动结束接哪一项运动更合理，比如学生跳绳后，组织哪种游戏更适合。跳绳练完了以后，可能没有经验的教师就安排跑步，跳绳的运动强度很大，学生跳完绳以后再去练跑步，体力肯定吃不消。

史家小学上课、上操，还有队列练习都是一板一眼的，容不得半点松懈。时间长了学生也会厌倦，这时组织上操的教师就会适时地组织一个小游戏或者加一个速度练习。这些练习是体育课天天都要练的素质练习，教师会增加其趣味性。

3. 教学口令规范

学校体育非常规范，史家小学有统一的口令，比如稍息、立正，师生间有互动，教师说"稍息"，学生说"左动"，教师说"立正"，学生说"左回"，提高了整齐性，又提高了不输给别人的一种劲头。这班喊的声音洪亮，那班喊的声音更洪亮，这样可以促进他们的班风建设，还能促进他们的团结意识。比如说，教师们经常练分散式教学，几位学生在一组，规定一个范围自己找地方练习，教师一声长哨，学生面向老师马上立正站好。教师说集合学生马上就集合。整个课堂规范、有秩序。比如说跳绳、双绳，两人一组散开练习，教师一声长哨就能控制整个班级，而不是一个操场上有八九个班，学生就发生混乱。史家小学不会出现这种情况，学生时刻听着教师的哨声。这声长哨是非常重要的，如果听不到或者故意不听，就会受到批评。

提高体育课堂教学实效性是学校常抓不懈的一项工作，体育组严格遵守《体育与健康课程标准》的基本理念，向40分钟要效率，从而达到“体育是以身体练习为主要手段”的课程性质。

4. 教学准备规范

体育组依托教研活动指导课堂教学。从组内年龄结构看，老、中、青形成了梯队，从技能储备看拥有市区骨干多名，从学历层面看均为大学本科，从专业角度看包含了体育学科的多数项目，半数教师在各类市区级培训中担任指导教师任务，所以说史家的体育组教师人才济济。这给学校的教研活动高质量奠定了基础，优秀教师把最新的教学理念、教学方法带回学校，并不断地加以创新提高，形成了教研教学双丰收。定期教研已经形成制度，除了市区级的教研活动以外，学校还有协作组和深度联盟校之间的教研活动。学校规定每周四上午第一二节课是体育教研时间，体育组的教研活动一直没有停止过。学校领导不定时地参加体育教研活动，并给予点评指导，将教研的结果运用于指导课堂教学，提高课堂教学实效性。

体育组努力提高课堂教学实效性。学校为了提高课堂教学质量，采用全组听课制度，对于课堂教学实效性方面给予指导，领导和骨干教师听随堂课，督促青年教师快速成长。同时，还为年轻教师安排师傅，督促他们的课堂教学和指导各项体育工作的完成。学校对体育教师的基本要求是手写教案，严格按照教案进度和内容上课，课前备教案课后写小结。学校为了提高课堂教学质量，采用集体备课、听课制度，对于课堂教学实效性方面给予指导，领导和骨干教师听随堂课，督促青年教师快速成长。

案例分享5.1　史家小学体育教师提高备课能力的注意事项 / 吕闽松

（一）教材搭配

原则：以两个内容为主。也可考虑多个内容，例如，一个主教材与多个游戏项目相结合。

1. 教材搭配应考虑季节性

冬季比较适合安排走、跑交替，自然地形跑、400米跑、跳绳、游戏、球类等。

2. 教材搭配还应考虑学生年龄特点

低年级教学内容以游戏为主，中高年级以适当加强技术性内容为主。

3. 教材搭配还应考虑学生身体特点

一节课可以安排一项以上肢（或下肢）活动为主的教材，再搭配以下肢（或上肢）为辅的教材。

4. 运动强度与运动密度搭配合理

如若本次课强度较大，则密度应适当小些，若强度小则密度应大一些，不要出现同时两高或两低的现象。

5. 生理因素与心理因素相搭配

如若一节课安排的生理负荷较大，心理负荷就应该适当小些。例如，主内容是400米跑考试，则辅助内容就不要安排支撑跳跃内容，否则会造成心理负担、心理障碍，不利于学生的心理健康。

6. 场地设计、器材使用应考虑安全因素

在场地的设计时应考虑器材情况，在使用器材时就考虑场地是否存在伤害事故的隐患。分组教学过程中，教师在对一组学生进行辅导和保护时，对另一组学生练习内容的安排上就应着重考虑安全因素。

（二）教学目标的制定

教学目标是通过教学手段来完成的任务和要达到的目的，也称为教学任务或目的。教学目标以具体为好，要符合学生的需求。教学任务的制定不要含糊其辞，也不要目标过大。这样，课的任务、目标明确具体，教学的重点和难点的制定也就具体了。

（三）教学过程

教学过程指教学顺序（开始准备、基本教学、总结课评）、教学步骤、教学结构、教学时间分配。

（四）教学方法

一节课的好坏、成功与否，教材的搭配、教学任务的制定以及教学过程的严谨都很重要，而教学方法的运用很大程度上反映了体育教师的教学能力与教学水平。教学方法运用得当，能体现教学任务完成得如何、教学重点是否得以解决、教学难点是否有所突破、体育教师个体才华和教学特色是否得以充分展示、教学效果是否显著。

第2节　课间操：让学生尽享“体操大餐”

课间操是学校管理和体育教育质量的一面镜子。课间操是很多学校都有的体育锻炼环节，但在史家小学，体育组的老师能够本着追求卓越的理念，精益求精，在课间操这项常规工作上不断探究、创新，取得了很多成果，赢得了“北京市课间操先进校”的荣誉。教师平时对课间操严格要求，既锻炼了学生的身体，又锻炼了教师的组织能力。教师两人一组组织课间操，一个在上面带操，一个领操，既巩固了教师的体操基本功，也做到了身体力行，给学生一个很好的示范。除了体育教师领操，还有作为领操员的学生，体育教师对这些学生进行培训。实践证明，教师的示范给学生带来了更积极的影响。如果学生们认为教师的动作规范漂亮，他们会不由自主地向教师看齐。

史家小学不断更新课间操的种类，现有自编操6套，以求适应不同层面学生的需求，这些操包括：韵律操、轻器械操、健身操、武术操、广播操等，每年体育组与德育处制定史家小学广播操评比，每周两次全校广播操评比。每学期开学安排好人员上操，一位老师负责口令指导，一位老师则负责带操，这样不仅能给孩子们建立正确做操的认识，体育老师的基本功还得到了锻炼。

进入冬季，体育教师充分考虑到冬季锻炼的特点，利用上操时间进行冬季锻炼活动。为了丰富学生们的活动内容，利用现有场地结合史家小学立体化空间将学生按年级分不同场地进行不同的活动内容，并定期定时更换，以调动学生的参与热情。具体安排有长跑、踢毽、拔河、跳绳、趣味田径、轻物掷准、立定跳远等，力争做到寓教于练、寓教于玩，激发和保护学生的体育兴趣。此外，体育组还开展了冬季锻炼系列比赛：乒乓球、长跑接力赛、跳绳踢毽、游泳、拔河。体育组还把各项运动成绩进行汇总并颁发团体奖，以强化学生的团队意识。

为了提高课间操效率，史家小学采取了以下措施。一是在开学初用大约三个星期的时间对一年级的学生进行广播操教学，加强对学生的思想教育，使学生真正认识到做操的重要性和必要性，培养学生重视做操、自觉做操、坚持做操、认真做操的良好习惯。二是正确运用示范。示范是体育教学的主要教学方法之一，通过示范能使学生建立正确的动作表象。因此，要求示范要清楚、准确、规范、优美。三是讲解少而精。教师在广播操教学时的讲解，主要是结合老师的示范动作，让学生加深对动作的理解。四是口令清楚、洪亮、准确。五是及时纠正错误动作。史家小学的广播操质量，在很短的时间内有了很大的提高，保证了学生以健康的身体学习、生活。

第3节 体育锻炼："让每个孩子享受到运动的乐趣"

史家小学在安排锻炼内容时充分考虑到服务对象是小学生，在安排活动内容时，特别注意考虑学生的年龄特点、心理特点，以及运动的趣味性和可接受性。结合阳光体育、趣味体育、体质健康考评项目制定出了针对不同水平学生的活动内容，以求切实提高学生的身体素质，且专时专用。不仅如此，还对三、四年级的一些肥胖儿进行了体育干预，对他们的运动能力提出了有针对性的改进意见。在体育锻炼活动时，由所任年级体育教师根据当天活动的内容与带班教师一起进班辅导，使锻炼既有趣味性又有实效性，真正做到在玩中提高运动技能，为终身体育打下良好的基础。

学校体育锻炼采用“两固定，一新颖，两监控”的理念，即固定的上操位置，固定内容，并编写有新颖的活动安排，进行一周两次质量监控、运动负荷监控。

表5.1　　　　史家小学各年级体育活动内容

星期 年级	星期一	星期二	星期三	星期四	星期五
一年级	十字跳 （小操场）	仰卧起坐 （小操场）	立定跳远、 球类游戏 （小操场）	跳绳、队列 训练、游戏 （小操场）	障碍跑、 立定跳远 （小操场）
二年级	折返跑 （小操场）	队列训练、 球类小游戏 （小操场）	跳短绳、 游戏 （小操场）	仰卧起坐 立定跳远 （小操场）	跳房子、 掷准 （小操场）
三年级	仰卧起坐 （南侧篮下）	立定跳远、 游戏 （南侧篮下）	障碍跑 （南侧篮下）	立定跳远、 游戏 （南侧篮下）	"8"跳绳、 游戏 （南侧篮下）
四年级	跳绳、游戏 （操场东南侧）	折返跑 （操场东南侧）	两头起 （操场东南侧）	十字跳 （操场东南侧）	立定跳远、游戏 （操场东南侧）
五年级	踢毽子、 跪投实心球 （操场东北侧）	穿梭跳绳、 游戏 （操场东北侧）	障碍跑 （操场东北侧）	仰卧起坐 （操场东北侧）	立定跳远、 障碍接力赛 （操场东北侧）
六年级	立定跳远、 游戏 仰卧起坐 （操场北侧）	立定跳远、 踢毽 仰卧起坐 （操场北侧）	跳双绳、 游戏、 速度阶梯 （操场北侧）	投实心球 （操场北侧）	仰卧起坐、 袋鼠跳 游戏 （操场北侧）

要求：

1. 各班队长整队，在指定地点活动。器材保管员领取器材。
2. 体育锻炼老师、相应班体育老师负责学生的安全和纪律。
3. 活动时间：下午 2:55~3:25。

活动内容的设立既要考虑到学生所在年级对运动量的适应能力，又要考虑到学生对体育活动的兴趣，同时还要兼顾民族体育的传授，以发展学生的五大身体基本素质为主。在内容上安排了跳绳、踢毽等内容为主的体育活动等。具体活动内容参见表 5.1。体育锻炼时间分配比重见图 5.1。

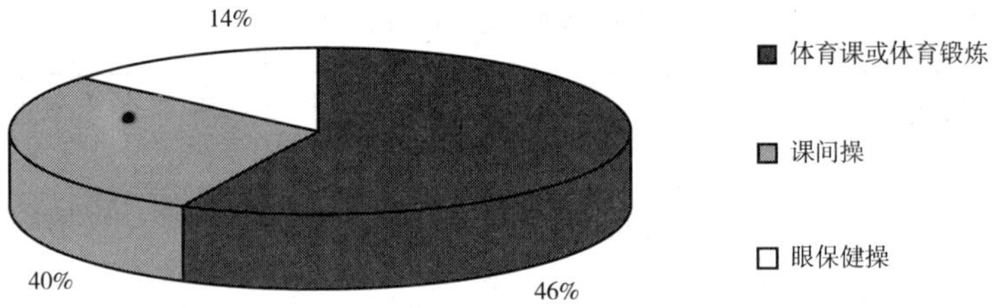

图 5.1 各种体育锻炼时间分配比重

第4节 大课间："把操场还给学生"

学校充分考虑到不同层面学生的需求，号召学生走出教室，走进大自然，走到阳光下，利用午间休息半小时，适时适量地开展一些小运动量的大课间活动，有踢毽、幻影移位、跳皮筋、花样跳绳、团体游戏等。这些活动深受学生的喜爱，为了安全，学校设置了专职养护的教师，确保学生在安全的条件下得到锻炼。

学校规定体育大课间活动时间不少于 30 分钟，并将大课间活动时间纳入学校作息时间表之中，同时规定了大课间活动的基本项目包括篮球、足球赛。沙包、小球投掷赛等。通过两年多的实践证明，大课间活动除了保证学生在校期间每天参加体育锻炼时间不少于一小时外，学生的身体素质也有了显著提高，特别是通过健康长跑活动，使学生的耐力有了明显的改善。此外，学生在课间操、升旗仪式、运动会等长时间站立集会中，很少有或基本上没有出现晕倒的现象，而在以前这种现象是经常发生的。另外，学生季节性传染病的患病率明显降低。

让学生在操场上自由活动，学校最大的顾虑是安全问题。现在大多数家庭都是独生子女，如果学生万一在学校受伤，很可能会引起家校纠纷。因此，很多学校采取的处理办法是“宁可不练，也不能出事”，禁止学生到操场上、体育器械上做自己喜欢的运动。结果形成了不良后果：学校不敢让学生练习，结果很多孩子不敢尝试，有些器械不知道如何使用，学生掌握的体育技能大打折扣。

史家小学的做法是：一定要在保障安全的前提下把操场还给学生，让学生勇于尝试各种器械，学生在大课间充分缓解学习压力和疲惫。那么如何保障学生的安全呢？史家小学的教师们牺牲了个人的休息时间，充当学生的“安全使者”。每天在大课间这个时间段，有两位教师到操场上对学生进行安全护理。当学生有不规范的动作可能会对他们造成伤害时，教师们及时地纠正，并教给他们规范的动作，同时制止其他学生干扰正在器械上玩耍的同学。教师鼓励学生多尝试，但是不能随意地玩，教师要告诉学生避免危险的方法，既玩得开心，又玩得安全。教师还告诉学生，在做有一定危险性的动作时，需要旁边有人保护。教师不停地给学生灌输这种想法，给他们一种安全意识的引领。

学校把篮球借给学生在大课间使用，一位体育教师专门负责篮球的借用和归还的手续。打篮球是一项特好的运动，学生们喜欢，篮球又是校本课程，学生对篮球在课上掌握了基本知识和技能之后就想实践。上课的时间有限，学生们不可能打篮球赛，因此，有些同学想利用大课间来打一个三人制、五人制的篮球赛，对孩子也是一种很好的释放。史家小学的教师尽最大努力给孩子们提供各种便利和保障，为他们创造一个释放压力、获得快乐的空间。

第 6 章
兴趣班与校本课程：激发学生潜能的绿色通道

第1节　内容丰富、开发特长的兴趣班

史家小学的体育教育不局限于体育课，课间操、体育锻炼、校本课程、兴趣班都是体育教育的途径。史家小学兴趣班的种类特别丰富。不仅内容丰富，还聘请专门的教练培训。

丰富的兴趣班可以满足学生多元化的需求。学生可以自由地选择喜欢的兴趣班，以弥补课堂教学的不足。孩子选择兴趣班的空间特别大。学生拥有自由选择的权利，只要学生想发展某方面的兴趣，在绝大多数情况下，史家小学就会给他提供这样的机会。在课堂教学中，学生喜欢某项运动，课时有限，他的需求无法得到满足，但可以通过兴趣班拓展，学生的视野比较开阔。每一个运动项目，按照年级安排进度，比如跆拳道、武术、跑、跳、投、攀爬、技巧类，单杠，这些可以根据学生年龄的增长情况科学调整教学进度。只要学生想学习，随时都可以加入。

每个培训班都分出一个运动队，有大面积的培训，有小范围的培养。小范围的人才培养可以让学生们组队参加比赛。既然每天付出这么多辛苦、心血带他们练，就要让学生有成果，每个队伍都有一个负责人。如果带学生出去比赛，一位教师是不够的，需要2~3位教师互相配合。一般教委组织比赛都是在周末，很少占用上课的时间，教师们就要放弃自己休息的时间。取得的成绩是带队教师的，别的教师什么都没有，就是为这个队伍保驾护航的。拿成绩是次要的，确保这些孩子安安全全地回来最重要。孩子有没有成绩不重要，不能让孩子因为成绩受到任何额外的伤害。其他老师去了之后就是"打杂"，主要是牵头的教师来做，大家也心甘情愿地去做"配角"。做配角的教师主要组织学生、组织家长、催学生检录等。但是每人都没有怨言，愿意在同事需要帮助的时候伸出援手。所以学生的成绩也是史家小学教师团队通力合作的结果。

学校的每个培训都有不同的特色。在专任教师之外，学校还聘请了专业教练，对学生进行更加专业的体育技能训练和培养。面对专业的教练，学生的学习兴趣更加浓厚。在外聘教练中，学校还专门聘请了一部分外教来上篮球课。这些外教上课时活力四射，而且鼓励学生用英语和自己交流，大大提升了学生对篮球运动的兴趣，同时也提升了外语水平，拓展了视野，取得了非常好的效果。

学校聘请专业教练给学生上兴趣班，极大地调动了学生的兴趣。专业教练给学生上课时需要体育组教师的配合。专业教练专业水平高，但是他们的想法和说法不一定能被学生们接受。专业教练以前都带专业队，教学方式不一定适合小学生。因此，学校在每个项目上都配备一位学校的教师进行协助。学生们的接受能力参差不齐，如果有的学生没有听懂，学校教师充分发挥自己的优势，采用适合这名学生的方法来讲解，让他最终也能走到目的地，让更多的学生都掌握这项技能。教师虽然没有专业教练的专业水平，但是有教学方法方面的优势，两者产生互补。有的教练带运动队的孩子时，说话不是那么考虑学生的感受。这时，教师要做穿针引线的工作，协调教练和孩子之间的关系。学校邀请外籍教练来上篮球课，外籍教练偶尔会惩罚孩子，有些学生就有些接受不了，这时候教师就会安抚他的情绪，来帮助他协调、引导，尽快回到这个活动当中去。

学校有些兴趣班非常有特色。花样游泳班聘请北京队的花样游泳教练对孩子进行培养。这个班每次有两个小时的课程，一个小时在岸上，一个小时在水里，把舞蹈和游泳结合到一起，对学生进行韵律、舞蹈、身形的培养。学完游泳再学舞蹈，学生参加一个兴趣班就可以把两种技能都学到，学生很感兴趣。

牛东芳老师负责健美操兴趣班。健美操兴趣班从基本步伐、学基本功开始对学生进行培养，现在教学生跳爵士舞或其他舞，都由教师自己创编。经过一段时间的培养，学生们学以致用，能够自编小舞蹈，三位同学在班级开联欢会的时候向全班进行展示。这样，学生有一技之长，敢于站出来给大家展示，这样，给他们搭建了一个特别宽广的平台。同时，其他同学的赞美让学生们增强了自信心，进而慢慢地真正喜欢上这项运动，即使训练很累也能坚持下来。学生在训练过程中还是非常辛苦的，但他们还在坚持，这说明学生体会到了快乐。

教师在上兴趣班时非常注重引导学生的兴趣，然后再培养学生的特长。教师们首先培养学生的兴趣，等他们想练了再开始练。学生获得专长需要牺牲玩耍的时间，需要教师采用一定的方式让学生感兴趣，同时采用一些激励手段，比如学生拿到好成绩之后，照一张相发到校园网上，学生们会感到特别高兴。特别是低年级小孩，一般都是家长替他们选择兴趣班。家长觉得这个项目好，就给孩子报一个。如何吸引住学生，让学生喜欢上这个项目，是教师一直在追求的目标。史家小学每支队伍都在不断壮大，说明教师们的努力有了结果。绝大多数兴趣班从不到10名学生起步，然后到20人、30人、50人、100人，逐步递增，而不是从100人向50人递减。这说明，教师们成功地抓住了学生的兴趣。好多项目从两三个人发展到二十多人或者更多，都是这样一点一点发展起来的。

击剑是一项很优雅的项目，但是孩子刚开始并不感兴趣。开始学习击剑、羽毛球等这些项目时，每天练的就是基本步伐、基本功，学生感到非常枯燥。基础要打扎实，肯定需要反复地练习。而反复练的结果就是学生不想练，感觉太枯燥。当然基本功的训练不能丢，因为想继续往下练就必须掌握这些基本功。教师就会跟教练沟通，能不能改变一下教学的方式，枯燥的训练配一些吸引孩子的内容，一开始教练也不太懂得变通，因为这么多年都是遵循一个路子。后期教练就开始与学校的教师进行研究，设计出一些练步伐时可以采用的小游戏，抓住学生的兴趣，既达到练步伐的效果又能够抓住孩子的兴趣。健美操刚起步的时候也是这种情况，教练追求基本功，结果孩子越来越少，教练还特别肯下力气，给孩子买小礼物，结业给孩子发奖品、给孩子评分。牛东芳老师想用这些方法多留住一些学生，但是结果还是不尽如人意。体育组的教师们共同探讨：能不能教学生一些大众化的、好接受的内容，让学生练练节奏感、韵律，首先让他们跳起来，跳起来觉得好玩，而不是单纯压腿，学生就会变得爱学、爱练。牛老师改变了教学策略，学生逐渐对健美操产生兴趣，健美操班也从原来十几个学生，发展到现在五十多人。有的兴趣班刚开始只有一个人，现在已经有二十多人了，到寒暑假要开班都爆满，这是教师努力的结果。

学生们可以从兴趣班学到很多在课堂上学不到的技能，并受到全方面的影响和熏陶。有些学生不但满足了爱好，还获得了体育特长，成为升入中学的重要“通行证”之一。多年来，通过兴趣班培养出来的有特长的学生不在少数。除了关注这些体育特长生的发展，教师更注重体育项目的普及。教师们有这样一个经验，要想培养一支优秀的学校运动队，要想取得突出的比赛成绩，就要从普及开始，而且普及必须是大面积的普及，必须有学生的广泛参与。比如健美操队已经拿到四次全国冠军，练的人多了，从中选拔参加比赛的学生的余地就比较大。史家小学小手球队曾两次获得全国第一名的好成绩，国家体育总局小球运动管理中心胡建国主任为他们颁奖。

第2节　满足多样化需求的校本课程

除了国家课程之外，还应该开发满足学生多样化需求的地方课程和校本课程。为了增强学生的锻炼意识和兴趣，更应该拓展体育的时间和空间。通过开展多种特色体育活动，学生参加体育活动的时空得到了充分拓展，体育锻炼活动的整体效果也得到了明显增强。

史家小学的体育教育实践是非常丰富的。以阳光体育活动为载体，增强学生锻炼意识。以学生发展为中心，兴趣为先，区别对待等原则，学校以游泳、乒乓球、篮球、健美操为龙头，田径为基础，带动足球、跆拳道、围棋、科技、击剑、武术、羽毛球等项目的培训，利用课程资源中心（史家小学基地），为史家小学的孩子丰富了体育项目，开拓了眼界，同时培养孩子养成体育锻炼的好习惯。

史家小学成立了校本课程资源中心，不断研发符合创新型人才发展的校本课程。体育学科校本课程涵盖了手球、篮球、乒乓球、足球、游泳、击剑等多个基础学科内容，关注人文素养、健康意识的培养，全方位为学生创新知识和技能，提供多样化的课程选择，提供足够宽阔的视野和相对自由的成长空间。

史家小学对体育教育内涵的理解是丰富的。体育绝不等于体育课，但体育课是落实体育培养目标的首要载体，是学校面向全体、以学生发展为本、促进学生个性化发展的重要途径。因此，必须高度重视每一节体育课，向“40分钟要效益”，力求每一节课都做到规范和实效，最大限度地调动学生体育运动的积极性，形成良好的体育锻炼习惯。除了在国家课程之外，学校还开发了满足学生多样化需求的校本课程，组织了大量的课余体育活动。学校以阳光体育活动为载体，坚持增强学生锻炼意识和提高学生体育学习兴趣。

史家小学力求满足学生不同的发展需求。既能够面向全体学生，又能进行拔尖人才的培养。在平时的必修课程中结合孩子年龄特点，学校开设了适合不同年级的体育校本课程，如：一、二年级开设形体课；三、四年级开设游泳课和乒乓球课；五、六年级开设游泳课和篮球课。这些课程在激发学生活动欲望的同时，将健康体质及智力发展教学有效结合起来。

史家小学体育学科在运动队建设中，针对具有拔尖创新潜能的学生开辟特色通道，每一个环节做到细致入微，从选材到基础培养，从兴趣入门到专业训练，都有优质的专业团队及外教的加入。在人才培养中面向全体却又兼顾个体差异，尊重学生的兴趣爱好，遵循学生的发展规律，对于在某一领域的特殊潜质和浓厚兴趣的学生进行个性化指导，不断开发学生的潜能，为拔尖创新人才的成长开辟通道。

校本课程资源中心依托国家级课题《探索校本课程和谐发展促进创新型人才培养的行动研究》，开展系列子课题研究：“学科拓展课程”促进创新型人才研究，“创新体验课程”促进创新型人才的研究，“人文素养课程”促进创新型人才的研究，“健康课程”促进创新型人才的研究。在行动研究中，不断研发符合创新型人才发展的校本课程。

案例分享6.1 跆拳道不只为强身健体，同样也是礼仪教育

跆拳道既能提高练习者跆拳道的技术，还注重练习者在练习过程中礼仪和道德修养的培养，使练习者通过训练达到内外兼修的目的。跆拳道注重礼仪礼节的培养，对于学生养成尊重他人、学会礼让、严守纪律、遵守秩序、守时尽责的习惯非常有帮助。老师上课先不教学生动作，先讲基本的规矩和礼仪，不仅教学生与教师见面时鞠躬问好，同时不忘要求学生在日常生活中讲究礼仪:“同学们，爸爸、妈妈、爷爷、奶奶、姥姥、姥爷，早晨送你们上学，晚上接你们回家，你们放学见到他们或早上与他们告别的时候，向他们鞠躬了吗？今天上完课，学生们已经学到了基本的礼仪，放学的时候，我送你们出去，我今天检查你们是否能把学到的礼仪应用在周围人的身上，无论谁来接你，你们要立正站好，给家人鞠躬，今天我就查这一项，这个学不会，无法继续下一个阶段的学习。”学生刚开始觉得不好意思，后来就习惯成自然。刚开始，有的学生给妈妈鞠躬，妈妈当时就哭了。让学生懂得感恩，讲究礼仪，这是教育工作者义不容辞的职责。无论学生在跆拳道练习过程是是否掌握了高超的技术，尊重他人等优秀品质对学生的一生都有影响。

第7章

大型体育活动：让学生体验运动的激情与快乐

以俱乐部为载体，史家小学积极开展各类比赛。史家小学体育俱乐部连续两年获北京市先进体育俱乐部一等奖，体育俱乐部和学校共同配合举行学校大小型体育比赛。几年来学校先后定期组织小评比、小比赛，引导学生们主动参加体育活动。其中包括学校跳绳、踢毽、拔河、接力赛、障碍赛、篮球比赛、游泳赛、乒乓球比赛、领进飞扬课间操、队列比赛等，为了丰富体育活动，学校还举办体育节、体育周，每两年举办一次大型运动会。

每次组织大型体育活动，体育组都是当仁不让的主力。从前期策划、到实施、再到后期工作安排，体育组投入了大量的时间和精力。

2011 年 4 月，史家小学在北京奥体中心召开春季运动会，参与本次运动会的是全校师生还有学生家长，可以称得上是名副其实的万人运动会。体育组在前期准备时下了极大的工夫。在 2010 年的 10 月，就进入筹备阶段。学校请了一些比较专业的策划公司帮助策划。教师们再结合学生的实际进行整体布置。与这些策划人员相比，教师们优势在于了解学生，知道什么运动项目或游戏适合他们。策划公司的优势在于环境的布置、开幕式团体操之间的衔接如何更美观、入场如何能让人耳目一新。策划方案几易其稿。在准备比赛过程当中，体育组每位教师负责一部分工作，其中开幕式团体操是重头戏，体育组既要训练团体操表演又要协助各班练入场式的队列，还要完成整个项目的策划以及比赛项目的安排、程序册等一些特别烦琐的工作。

那段时间，教师们经常在学校加班到晚上 11 点多，第二天早上 5 点又来到学校，继续讨论比赛规则、规程，包括需要的器材和场地、各班报多少人合适、一个项目能持续多长时间、一块场地上能进行几个项目、一个项目需要多少裁判、谁来发奖、需要什么奖品、需要多少个等等。做这些工作还不能影响学校正常的教育教学工作，要利用休息时间或课间完成。体育组利用课余时间分头练团体操。下课之后，大家凑在一起研讨方案，把运动会的每一个细节都想得清清楚楚。

史家小学的体育教师们追求每一个细节的完美。比如，奥体中心场地很大，学校的师生和家长不能把场地坐满，奥体中心的草地是绿色的，如果空着效果不好。教师们要用一些东西填充一下，让大家感觉场地是满的，还要跟草地的颜色呼应。教师们提出了一些想法，设计公司在夜里 12 点或 1 点钟把设计图纸发过来。发过来之前，教师们就坐在电脑前等，第二天照常上班。那段时间，教师们经常凌晨 1 点多睡觉，早上 4 点钟起床，白天除了上课，还要继续筹备运动会，但大家好像忘记了疲惫。

有这样一件事让教师们终身难忘。运动会的前一天晚上 10 点多大家还在布置场地，这一晚根本没有回家。第二天早上一开门发现在下雨，有些教师流下了眼泪。精心准备了 6 个多月，如果下雨，这一切意味着前功尽弃，大家心情都特别不好。到了 5 点钟，雨停了，但是天空布满阴云。

在开幕式上，校长在主席台上说了一句“今天是一个阳光明媚的日子”，这时恰巧太阳出来了。有些教师跑到后面抱在一起哭了。的确，前期准备工作教师们付出得太多太多。

组织和参与这些活动对教师们来讲是一种成长和历练。凡是组织过一次活动，就会留下很多特别宝贵的资料。如果再组织其他活动，比如每年冬锻系列活动、小型比赛，教师们就会得心应手。每位教师都可以承担活动的组织、策划、实施。教师们每三个人负责一个项目，他们就可以做出很详细的方案，比如竞赛规划、规程、每个班的报名人数、报名时间、比赛时间等，安排得细致周到。大型活动让教师们积累了平时的工作中无法得到的经验，教师们为了一个目标而团结奋战，又增强了集体的凝聚力和战斗力。尤其对于年轻教师来说，更是难得的锻炼机会，在老教师的带动下，他们成长得很快。

体育组找篮协邀请王治郅、姚明和学生过“六一”，这些都需要反复沟通协调才行。每个细节都做到位，需要教师们付出很多。运动会的吉祥物修改了50多次，开运动会那天，教师做了两个人偶，开幕式时由两位教师穿着进去。学生看到超级可爱的人偶，蹦蹦跳跳都要来看看，要和人偶赛跑。从孩子们洋溢着笑容的脸上，也能够看出，这个人偶的设计花费了教师很多心思。

运动会也得到了其他部门的大力支持。有许多细节需要大家的倾力配合。比如有的部门专门帮助安排家长的看台位置。德育处、教务处帮助验票。宣传方面，史家传媒的小记者们参与了许多事情。通过这些大型活动，史家小学的协作、创新精神表现得淋漓尽致。除了体育活动，史家小学也开展了许多大型活动，这些活动的组织实施不是一个人或一个组完成的，而是需要调动许多人的力量。体育大型活动得到了学校领导、班主任和其他学校教师的大力支持，他们的参与，才让活动圆满而美好。

第1节 万人亲子运动会：与父母一起共享健康

史家小学长期以来秉承“和谐教育”理念，坚持全面育人。学校每年都要举办不同形式的运动会，如体育节、体育周、趣味田径赛等活动，由于在校学生多，场地有限，大型运动会改为两年一次。学校全面推进素质教育，大力开展阳光体育活动，增强学校凝聚力，丰富学生生活，使广大学生的德、智、体全面发展。

亲子运动会是史家小学传统而又经典的大型体育活动，已经有20多年的历史了。每两年组织一次。在运动会上，家长和孩子一起做游戏，比如抢帽子，学校的地下体育馆有木质地板，相对来说比较安全的，家长们用肩膀扛着自己的孩子，孩子戴着小黄帽，他们在一定的范围、一定的时间内去抢夺其他孩子头上的黄帽子。史家小学体育教师编了很多类似这样的游戏，给家长一些机会去参加活动。

2004年以前，受到场地的限制，学校做不到邀请每个孩子的家长都来参加，一个班的名额是有限的，家长报名非常踊跃。后来这种小型亲子运动会演变成大型运动会。学校邀请所有学生的父母来参加。2004年，学校在亦庄开了一次一共有几千人参加的大型运动会。2006年，学校在地坛开运动会，把场地就都利用好了，跑道上进行了一些竞技性的赛跑，比如父子钓鱼等。

2008年，史家小学在亦庄组织了迎奥运大型运动会。开幕式非常有创意，承载着激情与梦想的祥云火炬在师生和家长代表手中传递。参与火炬传递的有学生、家长、运动员等，最后一棒是濮存昕，由他传给校长。这是真正的奥运会的火炬，校长拿着火炬，宣布运动会开始。奥运火炬手、史家小学毕业生濮存昕，奥运冠军滕海滨、许海峰、钱红、邢傲伟的到来让小运动员们兴奋不已，孩子们热情地邀请校友和冠军与他们“同场竞技”。运动会上，3000多名学生和老师一起，用“写意”的方式展现了孩子们眼中的自行车、赛马、体操、游泳、拳击等28个奥运会比赛项目。当头戴金盔、扬鞭策马的小学生和家长扮演的“枣红斑马”一起展示马术比赛时，到场的8000多名师生、家长掌声雷动，为孩子们的稚气和创造力喝彩。各个班都有一个运动项目，教师们把所有运动项目都分了类，有的划船、有的游泳等。

运动会不但让学生锻炼了身体，也增进了亲子感情和家长之间的交流。开运动会的时候有这样一个场景：家长和孩子一起钻桶，进行接力跑，有个孩子的妈妈流血了，孩子们便跑去鼓励妈妈。

1. 活动创意新颖，内容设计精心

2011年4月29日在奥体中心举办的万人运动会，也是非常有特色的“亲子”运动会。参加运动会的既有史家小学全体家长和师生，又有史家小学深度联盟校七条小学的全体师生，还有东四、朝阳门街道社区的领导和居民。奥运冠军张军、夏煊泽、杨凌、张国政、王丽萍以及著名篮球运动员王治郅也来到现场，并与同学们一起进行了穿越障碍比赛。

这是一个充满阳光与激情的运动会，更是一个展现同学和家长风采的运动会。各班师生和家长精心准备了形式多样的入场式方阵。开幕式中，东四街道、朝阳门街道社区居民带来了腰鼓和空竹表演，一、二年级同学展示了英姿飒爽的跆拳道、武术操，三、四年级表演了广播操《雏鹰展翅》，五年级同学表演了优雅的击剑操《放飞梦想》，东四七条小学的同学们带来了精彩的集体舞《花儿绽放》。运动会开幕流程见表8.1。

表8.1　　2011年史家小学春季运动会开幕流程概要

序号	环节	环节主题 / 内容	参与人员	表现形式
1	开幕环节	嘉宾入场	学校领导 / 贵宾	嘉宾入场，背景音乐，舞狮欢迎
2		领导宣布开幕式开始	学校领导	学校领导宣布开幕式开始，配合动画视频

续表

<table>
<tr><th>序号</th><th>环节</th><th>环节主题 / 内容</th><th>参与人员</th><th>表现形式</th></tr>
<tr><td>3</td><td>开场引导</td><td>春之序曲</td><td>表演人员</td><td>表现春天到来，万物复苏的景象。表演结束后，表演人员沿着跑道依次站位，作为“春天使者”欢迎学生入场</td></tr>
<tr><td>4</td><td rowspan="3">入场环节</td><td>来宾介绍</td><td>学校领导</td><td>—</td></tr>
<tr><td>5</td><td>宣布
入场仪式开始</td><td>特别来宾</td><td>—</td></tr>
<tr><td>6</td><td>运动员入场</td><td>史家小学
全体学生</td><td>按照班级顺序入场，配合各个班级特点的动画视频，云朵机打出每个班级的名称</td></tr>
<tr><td>7</td><td rowspan="3">致辞环节</td><td>领导致辞</td><td>学校领导</td><td>—</td></tr>
<tr><td>8</td><td>家长代表致辞</td><td>家长代表</td><td>—</td></tr>
<tr><td>9</td><td>学生代表致辞</td><td>学生代表</td><td>—</td></tr>
<tr><td>10</td><td rowspan="2">开幕仪式</td><td>领导宣布开幕</td><td>学校领导</td><td>—</td></tr>
<tr><td>11</td><td>放飞鸽子</td><td>—</td><td>配合吉祥物放飞鸽子的动画视频</td></tr>
<tr><td>12</td><td>表演环节</td><td>表演</td><td>史家小学
全体学生</td><td>史家小学各年级表演项目</td></tr>
<tr><td>13</td><td rowspan="2">运动会正赛</td><td>领导宣布
比赛开始</td><td>学校领导</td><td>号手吹响号角，喻示着比赛正式开始</td></tr>
<tr><td>14</td><td>运动会正赛</td><td>史家小学
全体学生</td><td>—</td></tr>
<tr><td>15</td><td>比赛颁奖</td><td>颁奖</td><td>运动会获奖学生</td><td>—</td></tr>
</table>

两校学生在比赛项目中顽强拼搏，充分展现了阳光少年勇于进取、健康向上的精神风貌，赢得了全场观众的阵阵喝彩。本届运动会是充分展现史家小学体育特色的一次盛会，史家小学与七条小学两校同学在运动中绽放，在携手中共同成长。中央电视台新闻部、新华社、北京晨报、北京晚报、北京青年报等

多家媒体采访了本次活动。

2. 运动内容丰富，亲子题材引人入胜

为了充分调动小朋友们参与体育活动的积极性，增进小朋友与家长之间的亲子关系，增强学生集体的凝聚力，做到家校共育，学校原来一年一度的春季运动会改为亲子运动会，每个家庭都能在赛场上充分展现团结进取、蓬勃向上的精神面貌，在赛场上争做文明家庭，在观众席上争做文明观众。

运动会项目丰富，比如：适合低年级学生的“父子钓鱼”，适合中年级学生的“踏实过河”，还有高年级学生的“自行车障碍赛”。运动会项目中不仅有趣味性强的比赛，每个年级还有竞技性质的比赛，例如儿童标枪掷远、4×100 米亲子接力（两名家长、两名学生）。

第2节　体育节：给每一位学生搭建参与的平台

两届运动会之间学校还组织了体育节，持续一周的时间。各班都有体育竞赛。在组织过程中，主抓德育的教师也参与进来。美术组也参与组织，让孩子设计体育节海报，设计体育节的宣传口号，张贴在操场的周围。

2010 年 4 月 26~30 日，是史家小学举办体育节的日子。此前学校美术组教师，结合美术教材第十二册《动漫海报》一课，在美术课堂上对六年级全体学生进行了体育节海报设计的辅导。同学们积极参与、踊跃投稿，学校在体育节召开前选出了 3 幅突出作品（六年级 3 班杨子璇、六年级 5 班李啸可、六年级 7 班王逸佳同学的作品，见图 8.1），并加以修改完善，最终确定为 2010 年史家小学体育节正式宣传海报，并印制张贴，这些海报受到了嘉宾、领导、老师及同学们的称赞。在体育节闭幕式上将对入围

作品和优秀作品颁奖。

图 8.1　2010 年史家小学体育节海报

2010 年 4 月 28 日上午，史家小学“阳光体育伴我成长，促进身心和谐发展”体育节隆重开幕。

国家体育总局新闻宣传司副司长邵世伟、国家体育总局中体倍力投资有限公司总裁万骊华、教育部体卫艺司体育处处长卢逊、国家体育总局青少年体育司业训处处长郭荣、北京市体育局群体处处长朱宏、东城区委教育工委书记蔡福全、东城区教委主任冯洪荣、朝阳门街道工委书记臧汝奇、朝阳门街道办事处主任赵静、东四街道工委书记袁燕生、东四街道办事处主任王品军、东城区教委副主任朱长林、奥运会跳水冠军吴敏霞、秦凯、举重冠军刘春红、捐骨髓救母的少年邵帅出席了开幕式。

在开幕式上，同学们精心准备了表演。一、二年级带来了充满童趣的团体操“快乐童年”；中高年级同学在一位体育教师带领下表演了学校自编武术操“中华魂”；学校兴趣班进行了跳绳、跆拳道、击剑的特色体育展示；深度联盟校七条小学和东四奥林匹克社区的居民们表演了太极扇与抖空竹；三、四年级的同学展示了团体操“阳光体育”。

表演结束后，领导、来宾组成的拔河队与奥运冠军和我学生组成拔河队一起进行了拔河比赛。

本届体育节历时一周，以年级为单位，开展丰富多彩的适合学生年龄特点的44项趣味比赛，是“团结、奋进、和谐、热烈、精彩、圆满”的体育盛会。体育节以“人人参与”为宗旨，将全校同学带到阳光下，共享体育带来的快乐。

案例分享7.1 累，并快乐着

体育节已经圆满闭幕了，可是耳边仍然回荡着孩子们呐喊助威的声音，脑海中还会浮现着大家搬运比赛器械的情景。

这次运动会改为体育节的形式，拉长了比赛的时间，以“人人参与”为宗旨，深受学生们的喜爱，同时也受到领导们的好评。这次体育节持续时间为一周，它成功的背后却载满了体育组每一个人历时一个月的付出和汗水。

从体育节比赛项目的确定、审核、编排、体育场器材的摆放、设计，时间的设定，每一个小的环节都不能疏漏。举个简单的例子，开幕式节目的排练，时间紧任务重，我们利用一切休息时间，不歇不坐，给孩子们训练的时候都精神抖擞，可是一回到办公室每个人都带着疲惫，瘫软在坐椅上。这只是训练，周末我们利用加班时间在操场上贴了点，已经记不得有多少个点，只记得那天特别热，腰一弯一直，在夕阳下成为一道美丽的弧。然而周末一场大雨冲刷掉了我们所有的努力和印迹，然后又是一轮新的挑战。是啊，“选择了教育就是选择了奉献”，为了让体育节办得锦上添花我们只有付出更多地努力才能看到结果。

当周五的闭幕式顺利结束的时候，当大屏幕上回放体育节孩子们开心的瞬间的时候，当看着孩子们带着喜悦站在人生的某一个领奖台的时候，当王校长深深为我们鞠上那一躬的时候，一种心酸感、一种成就感涌上心头。

一、二年级表演“快乐童年”

同学们表演自编武术操“中华魂”

特色体育展示

东四奥林匹克社区居民表演太极扇

深度联盟校东四七条小学学生表演“抖空竹”

三、四年级同学表演团体操“阳光体育”

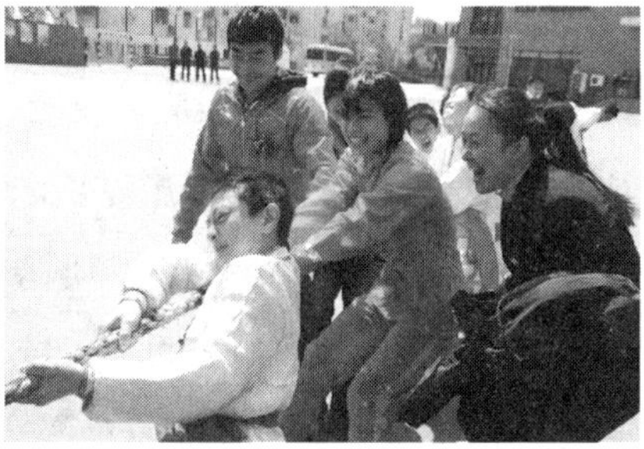

图 8.2　史家小学的体育节

累并快乐着，累有所收获，通过一次历练，我们都成长了许多。我们的团队更加和谐了，和谐是什么？是奉献，奉献的精神可以传染。

在体育节期间，史家小学各个班级也组织了丰富的体育比赛。

每次活动中无论输赢，参与就是一种快乐和收获。欢呼声、喝彩声、加油声，啦啦队员们喊着、叫着，为自己班的运动员们和自己的老师们鼓劲加油。全体师生一起享受了这次体育节带来的无尽乐趣，感受了为集体荣誉而奋力拼搏的酸甜苦辣。通过体育节的各项活动，增强了广大学生的体质，提高了学生的健康水平。体育节的落幕不是结束，而是希望同学们在参与中更加热爱体育运动，乐于参与体育锻炼，这也是学校开展体育活动的最终目的。体育节的开展，不仅是全校师生展示身体素质的机会，而且，为体育节过后平时的体育锻炼发出了动员令，各班同学借体育节之风，积极开展体育锻炼，大大增强了自身的体质，也促进了各学科的学习，形成了全面发展的格局，学生的素质得到全面提高。体育节活动给广大学生提供了一个锻炼自我的机会、展示自我的舞台。

2010年史家小学体育节规程

认真贯彻《中共中央国务院关于加强青少年体育增强青少年体质的意见》和市政府《关于加强青少年体育增强青少年体质的实施意见》的精神，以阳光体育活动宗旨为指导，吸引广大学生走向操场、走进大自然、走到阳光下，通过积极参加体育活动，不断增强体质，充分享受体育带来的快乐，让青少年快快乐乐地成长，形成浓郁的体育锻炼氛围，切实提高学生体质健康水平。为此，学校决定在2010年4月26~30日举办2010年史家小学体育节。

一、比赛时间：2010年4月26日（一）

二、比赛地点：史家小学

三、开幕式议程（团体操表演）

第一场：快乐童年（一、二年级）

第二场：中华魂（自编武术操）

第三场：特色体育展示（学校兴趣班展示：花样跳绳、跆拳道、击剑）

第四场：蓝天体育（社区、深度联盟校：太极拳、空竹）

第五场：阳光体育（三、四年级）

四、比赛内容

一、二年级比赛项目

（一）羊村的河

1. 比赛名称：羊村的河（踏石过河）。

2. 比赛规则：羊村家门口有条河，这是为了保卫家园的，每次灰太狼都会掉到河里去，今天就来比一比吧！每班 10 人分成男女组进行 15 米的踏石比赛。最先完成比赛的班级获胜。取前 3 名。

3. 参赛人数及要求：每班男女各 5 人，按照班级顺序 1~5 为一组，2~10 为二组，11 ~ 14 为三组。

4. 录取方法：按时间取前六名，计入团体总分。

（二）机智灵敏的喜羊羊

1. 比赛名称：机智灵敏的喜羊羊（过障碍投沙包掷准）。

2. 比赛规则：喜羊羊机智灵敏，他们爬过青青草原（体操垫），走过独木桥（体操凳），如果中途掉下来要从头继续走。拿起武器（沙包），站在投掷线后击打前方 5 米处的灰太狼（击中标志即可），用时最短者获胜。

3. 参赛人数及要求：每班 6 名（男 3 女 3）喜羊羊，男生、女生各 42 人，各分 6 组每组 7 人。

4. 录取方法及记分：按时间每组取前两名，现场发奖。

（三）善良的美羊羊

1. 比赛名称：善良的美羊羊（一带一跳绳）。

2. 比赛规则：懒羊羊没人陪他玩，很不高兴，善良的美羊羊主动要求和懒羊羊参加一带一跳绳赛，懒羊羊开心地答应了。比赛时间为30秒，跳绳最多的组获胜。

3. 参赛人数及要求：每班4对选手，男、女各2对，14个班共是56对，男女各28对，各分4组，每组7对。

4. 录取方法：按成绩每组取前两对，现场发奖。

（四）蹦蹦跳跳的软绵绵

1. 比赛名称：蹦蹦跳跳的软绵绵（立定跳远）。

2. 比赛规则：蹦蹦跳跳的软绵绵今天兴致勃勃的来参加立定跳远比赛。每班6人分成男女组进行立定跳远比赛。每人3次，取最好成绩。

3. 参赛人数及要求：每班男女各3人，共计84人。分4组每组21人。

4. 录取方法：按成绩男、女各取前6名，计入团体总分。

（五）老村长慢羊羊

1. 比赛名称：老村长慢羊羊（赶猪）。

2. 比赛规则：慢羊羊要把“猪”赶回村里，在20米的距离内，最快速度完成赶猪的选手获胜。

3. 参赛人数及要求：每班6名选手男女各3名，14个班共84名选手，各分6组，每组7人。

4. 录取方法：每组取前2名，现场发奖。

（六）强壮的沸羊羊

1. 比赛名称：强壮的沸羊羊（轻物掷远）。

2. 比赛规则：沸羊羊强壮有力，他们投掷比远，距离远者获胜。

3. 参赛人数及要求：每班 6 名（男 3 女 3）沸羊羊，14 个班共是 84 名沸羊羊，每人 3 次，取一次最远成绩。

4. 录取方法：按成绩男、女各取前 6 名，计入团体总分。

（七）灰太狼一家

1. 比赛名称：灰太狼一家（20 米迎面接力）。

2. 比赛规则：每班 20 人分成男女组站在 20 米跑道两端，进行迎面接力，最先完成比赛的班级获胜。取前 3 名。

3. 参赛人数及要求：每班男女各 10 人，按照班级顺序 1~5 为一组，6~10 为二组，11 ~ 14 为三组。

4. 录取方法：用时最短的前三队获胜，计入团体总分。

三、四年级比赛项目

（一）超级马力（障碍接力）

1. 比赛名称：障碍接力。

2. 比赛规则：通过各种障碍接力赛跑。

3. 参赛人数及要求：每班 20 人，男、女各 10 人。三年级 14 个班共 140 人，1~5 班为一组，6~10 班为 2 组，11~14 班为 3 组；四年级 12 个班共 120 人，1~4 班为一组，5~8 班为 2 组，9~12 班为 3 组。

4. 录取方法及记分：按照用时最短的班级，取前 6 名，计入团体总分。

（二）50 米跑

1. 比赛规则：运用所学的快速跑技术动作进行比赛。

2. 参赛人数及要求：每班男女各 3 人。三年级 14 个班级共计 84 人，四年级 12 个班共计 72 人

3. 录取方法：按成绩男、女各取前 6 名，计入团体总分。

（三）投实心球

1. 比赛规则：运用所学前抛实心球技术动作进行比赛。每人3次，取最好成绩。

2. 参赛人数及要求：每班男女各3人，共计84人。分4组每组21人。

3. 录取方法：按成绩男、女各取前6名，计入团体总分。

（四）忙碌的小蜜蜂（套换标志桶）

1. 比赛名称：套换标志桶。

2. 比赛规则：把学生分成两组，小红蜂和小黄蜂，小红蜂把标志桶套成红色，小黄蜂把标志桶套成黄色，显示得哪种颜色的“蜂蜜”多哪组算胜利。不能守着一个“蜂蜜”不动，要“飞”起来。每组比赛时间30秒。单局淘汰。

3. 参赛人数及要求：每班10人，男生5名女生5名。按照提前抽签顺序进行比赛。

4. 录取方法及记分：以标志桶颜色数量多的班级为胜。胜者根据本方标志桶颜色的多少取前6名，前6名之间按名次顺序再次对抗，最终按成绩取前6名，计入团体总分。

（五）大力水手（翻轮胎）

1. 比赛名称：翻轮胎。

2. 比赛规则：用最短的时间将轮胎翻过规定的距离。

3. 参赛人数及要求：每班男、女各3人。男生、女生各36人，各分6组每组6人，按时间每组取前2名，立即发奖。

4. 录取方法：每组按成绩取前两名，现场发奖。

（六）袋鼠跳

1. 比赛规则：运动员站在布袋内，手持布袋两端，发令后跳过规定距离。

2. 参赛人数及要求：每班男、女各3人，三年级14个班共是84人，男女各42人，各分6组，每组7人。四年级12个班共计72人，男女各36人，各分6组，每组6人。

3. 录取方法：每组按成绩取前2名，现场发奖。

（七）风雨同舟（搭桥过河）

1. 比赛名称：搭桥过河。

2. 比赛规则：依次交替使用三块小垫子将全组人员“安全”通过规定距离。

3. 参赛人数及要求：每班10人，男女生各5名。三年级14个班共140人，10人一组14组；四年级12个班共120人，10人一组12组。

4. 录取方法及记分：“落水者”的人数乘以秒数（3秒）加上完成时间等于最终成绩。按时间取前6队，计入团体总分。

五、六年级比赛项目

（一）翻滚过山车（钻圈比快）

1. 比赛规则：10男10女，排成一列横队，手拉手，由排头开始依次钻过呼啦圈（手不能松开），用时最短队获胜。

2. 比赛人数：每班男、女各10人。10个班100人，分两组进行。

3. 录取方法：年级取前六名，计入团体总分。

注意事项：传呼啦圈时队员的手要一直保持拉着的状态，否则算比赛失败。

（二）200米

1. 比赛规则：运用所学的快速跑技术动作进行比赛。

2. 参赛人数及要求：每班男女各2人。每年级40人。共10组。

3. 录取方法：按成绩男、女各取前6名，计入团体总分。

（三）立定跳远

1. 比赛规则：运用所学技术进行立定跳远比赛。

2. 参赛人数及要求：每班男女各 2 人，共计 40 人。每组 10 人共 4 组。

3. 录取方法：按成绩男、女各取前 6 名，计入团体总分。

（四）忙碌的小矿工（推小车）

1. 比赛方法：运动员将车内物品平稳运送到指定区域，用时短者获胜。

2. 参赛人数及要求：每班男女各 2 人。10 个班 40 人。5 人一组，分 8 组进行。

3. 录取方法：每组前两名，现场发奖。

注意事项：运送过程中要保持平稳，不要串道。

（五）齐心协力（五人六足）

1. 比赛规则：5 人 1 队，横排站好，将相邻两腿捆绑在一起，发令后，迅速通过规定距离。用时短者获胜。

2. 参赛人数及要求：每班男女各 1 队，共计 10 组。

3. 录取方法：各年级按照成绩取前 6 名，计入团体总分。

注意事项：要有合作意识，注意安全

（六）趣味赛车（自行车慢骑）

1. 比赛规则：参赛选手在指定区域骑自行车，由裁判哨响开始，自行车前轮压到终点线比赛结束，所用时间即为选手的成绩。

2. 参赛人数及要求：每班 4 名同学，男女不限，每年级共 40 人。10 人一组每年级各 4 组。

3. 录取方法：组内用时长的前 3 名获胜，现场发奖。

注意事项：如果脚接触地面或者超出指定位置的选手有一次回到起点重新开始计时的机会，超过一次取消成绩。

（七）超级投手（定点投篮）

1. 比赛规则：选手在 30 秒之内投篮入筐的数量为选手的比赛成绩。

2. 参赛人数及要求：每班6名同学，男女各3人，每年级共60人，分10组进行比赛，每组6人。

3. 录取方法：按进球个数多少每组取前3名，现场发奖。

注意事项：在规定区域内比赛。

（八）8×200米接力

1. 比赛规则：每班两男两女为比赛选手，听到比赛开始口令后统一比赛，每个选手完成200米后交接棒，用时最少的班级获胜。

2. 参赛人数及要求：每班8人，男女各4人。

3. 录取方法：各年级按照成绩取前6名，计入团体总分。

注意事项：

（1）抢跑或串道取消比赛成绩。

（2）在指定位置交接棒。

（3）服从裁判，注意安全。

第3篇

生动活泼、育体育心的体育教学特色

史家小学的课堂教学形成了十分鲜明的特色。在和谐教育理念的指导下，学校的体育教学工作从“育和谐的人”这个目标出发，坚持用和谐的方法育人，始终把培养学生的体育兴趣、为学生养成终身体育锻炼的习惯打下基础，因此，史家小学开创了学生喜闻乐见，而又富于成效的体育课堂教学模式与方法——口令教学、游戏教学、情境教学和快乐教学。另外，从体育“育体又育心”这个理念出发，史家小学的体育工作渗透德育、美育和情感教育的内容。

第8章 课堂教学特色

和谐教育是拔尖创新人才成长的空气和土壤。90年代初，史家小学明确提出了“和谐教育”的办学思想。经过20年来的不断探索，形成了以“人与人、人与知识、人与自身、人与自然、人与社会的和谐”为基本框架的和谐与人思想体系。

人的全面、和谐、自由发展是创新人才成长的基础，正如钱学森先生所说“必集大成、才能的智慧”，拔尖创新人才的知识结构应该是全面、和谐发展的，以此为基础，才能为学生个性与创造性的培养提供不竭的动力。这一点也得到心理学研究多元智能理论的支持。加德纳的多元智能理论认为，“每个学生都是一个千载难逢的天才，只是经常表现为不同的形式”，因为人类的只能是多元化而非单一的，我们的任务就是要全面培育学生的全面身体素质，在此基础上发现其优势所在及发展潜力，从而为学生的拔尖创新奠定基础。

在当今的教育实践中，对于拔尖创新人才的培养更多的是在现有教育体制之外给以特区化政策。如开办“特长班”“少年班”，这种做法在某种程度上培养了一些在特定领域具有特殊才能的学生。但是，不面向全体，不改革课堂，任由传统课堂扼杀人的创造性，是不能更多地识别出和培养创新出人才的，面向全体、立足课堂是本项工作开展的基本点。

在史家小学70年校庆之际，温家宝总理写下了“学思知行“的校庆题词，深刻揭示了教与学的内在规律，为我们创设创新型课堂提出了明确的目标和方向。学与思，知与行，是中国哲学特有的范畴。“学”和“思”，“知”和“行”是有相当大跨度的，在传统课堂中，过分注重知识的传授，学思割裂，知行脱节现象严重，极大扼杀了学生的创造性。学生创造性思维和创造性人格在灌输型的知识传授过程中是无法形成的，而更多的来自于学生的独立思考和动手操作，即学思结合和知行统一的过程中。

史家小学开展参与式、探究式教学，在课堂上为学生创设民主、安全、和谐的心理环境，树立“人人平等”的思想，培养“人人善问”的习惯，激发“人人求新”的欲望，提供“人人动手”机会，给予“人人成功“的机会，从而保护学生的好奇心，激发求知欲，培养质疑和创新的能力，形成有利于学生创新能力培养的气候和土壤，使学生敢于尝试，勇于挑战，锻炼身体，培养意志，从而达到身心全面发展。

创新型课堂的创设需要以和谐课堂的构建作为载体。秉承和谐教育理念，我们确立了培养“和谐的人”的育人目标。注重学生的五大意识和五大能力的培养，从而整体构建学校的和谐课程体系。学校课程设置要求基于学生现实生活，为未来生活做充分准备。为此学校设立了和谐课程目标：在课程建设中秉承和谐的办学理念，以课程整合为突破口，坚持育人为本，坚持能力为重，启动史家丰富的课程资源，为全体学生成长奠定基础，为拔尖人才开通特色通道。

在“和谐育人”的宗旨下，创新型课堂在史家小学体育教学中尤为突出：例如在教学方法手段具体实施中，体育老师结合教材内容总结经验，突破旧有的教学方法，依据学生的实际情况，创编出一些简单明了、通俗易懂、朗朗上口的口诀与儿歌，如立定跳远技术动作的儿歌是“两脚分开一脚宽，屈膝摆臂小燕飞，1，2，3，……”，这样一来，一方面有利于学生迅速记住动作要领明白动作要点；另一方面体现在教学以学生为主体，一切为了孩子，遵循小学生年龄阶段的生理心理特点，从而发展学生身体素质。

第1节　情境教学

情境教学，就是把培养学生的体育兴趣放在首位，通过教学内容、材料、音乐等有效地构建学生体育运动的情境，激发学生的学习动机，在特定的情景中，完成跑、跳、投等基本运动，从而既达到学习技术动作的目的，又能让学生保持持久的学习兴趣，同时加强师生间的情感。

体育是人类生活的一个有机组成部分，它与人的生活有着千丝万缕的联系，教师在体育课堂教学中依据儿童的认知水平，创设与生活密切相关的教学情境，学生在特定的生活情境中活动起来，积极投入训练，感受到练习活动的乐趣，并在巨大的乐趣中，迅速掌握和提高技能，同时感悟体育活动的意义，培养起积极、主动参与体育锻炼的意识。

儿童参与体育活动的基本前提是理解并掌握运动技能及方法，这也是体育教学的基本任务。在课堂教学中，为达到这一教学目标，最常用的一种教学方法便是直观法。直观情境与直观法有着本质的区别，创设情境是运用画面再现、音乐渲染、语言描绘等手段，将教学内容融于一种有情趣、儿童喜爱的、乐于接受的教学氛围中，使其在不知不觉中领悟动作技能方法，达到教学目的。例如立定跳远，它的教学目的是让儿童知道立定跳远，懂得立定跳远的方法，并初步学习。如光靠教师讲解、示范，效果一定不会理想，所以我们创设了“青蛙学习本领”的教学情境，利用几只小青蛙在河中的荷叶上跳跃的画面，教师配以生动、形象、富有情感的语言描绘，促使儿童展开丰富的想象，引导儿童观察、思考、自我演练小青蛙的跳跃本领，在模仿中领悟立定跳远的动作方法。

小学生的思维特点，是以具体形象思维为主要形式，同时也具有较大的思维直观形象性，所以教师可以创设不同的情景给予学生不同的具体的体验。我们可以根据自身的特长、知识经验和本班学生的具体情况进行个性化处理，在教学的组织、教学过程以及教学风格上，自主地安排更加有利的情景。教学中的不同情景，会促使学生产生不同的学习感情，教师可根据教学内容，对场地、器材进行科学安排，并利用色彩、音乐伴奏等创造一种情景交融、具有强烈感染力的学习境界。心理学理论也指出：一个人的情感体验是从他接触的周围环境中获得的。那么在体育教学的现行环境中，充分考虑学生的兴趣、爱好和个人体验，拉近学生与场地、环境距离，同时体育教师应贴近学生，贴近他们的心理世界，拉近与学生的距离，好其师而爱其业，学生更是对老师所示范动作产生浓厚的兴趣，会积极模仿亲身体验，有利于学生主动参与、自我完善情感的培养，激发孩子们的兴趣，使他们以愉快、轻松、自信、积极的心理状态投入到运动中去。例如：小学生对体操有着与生俱来的恐惧，低年级学习前滚翻的时候往往会有抵触心理，不敢翻滚，这时就需要老师的正确引导。课前老师精心地在垫子上贴满各色水果图案的标贴，一上课老师就绘声绘色的为小朋友讲起了小故事，动物园里来了一群小刺猬，同时为每个小朋友胸前粘贴小刺猬的头像，他们经过小树林，爬上小山坡，哇！看到满地的果子，看看大家谁能把果子运回家。这个时候老师在垫子上做了一个漂亮的前滚翻，背上沾满了各种各样的水果！孩子们看到老师背上的水果一个个都欢呼着要来试试了。

那么如何在课堂教学中实施情境教学呢？

1. 根据不同项目进行情景创设

针对不同的运动项目，教师灵活设计情境，调动学生参与的积极性。

（1）奔跑类项目：情境教学中运用奔跑类项目最多，也最容易设计。这样的项目可以把跳、滚翻、投掷等，进行创设情景，尽可能运用丰富多样的教学内容，进行综合设计，学生的积极性肯定会很高。

（2）耐力性项目：这类项目对学生来说比较枯燥乏味。这里教师就应在情景创设上下工夫。学生往往对耐力性项目有恐惧感，教师应该让学生克服这种恐惧感，让学生有种愉悦感，如教师可让学生去游月湖，秋游的时间去游一风景区等等。还可以进行激烈一点，把学生引入到一个野生动物园中，创设老虎吃兔子等情境。这样学生可能会很投入地完成。

（3）投掷类项目：这个项目的活动，可能教师应该多与解放军打仗等结合起来。像五年级学生，学习投掷轻物，我们就可以创设这样情景。前面是一条小河，河对面就是敌人区域，为了投到敌人区域，我们必须学好正确投掷姿势，把河对面的敌人全部消灭，这样一来，学生肯定学习得很投入，很认真，收到的效果肯定也不差。另外，投准也可以像这样进行情景创设。

（4）跳跃类项目：教师可以根据不同的项目进行合理的动物跳、动物跳障碍。特别是小学生十分喜欢小动物，如果让他们投入到角色中，学习效果肯定会好。

比如，小学低段立定跳远教学过程中，画出一条宽窄不等的小河，学生们当小白兔，练习过程中结合口诀“小白兔，白又白，两只耳朵竖起来，斜上用力臂前摆，双脚蹬地腿高抬”，学生就能较好地掌握动作要领。当学生在观看教师的完整示范时，就自然地把动作与口诀同位对应起来，这样学生既认真观看，便于理解，又积极动脑，学习热情自然高涨，自然进入学习的最佳状态，使教师与学生之间形成良性互动。

比如，在学习掷远技术时，学生不认真或故意不用劲，这时可以设计一个情景:“假如我们正在进行班级投掷比赛，对方用力很大投得很远，你应该怎样做才有可能超过他呢？大家试试看！”这能诱发学生参与学习的积极性和创造性，从而使一个人人都能参与，人人都乐于参与的教学新格局得以形成。开放性的问题，给了学生足够的想象空间，让学生感受到自己的一个方法、一个动作可能就会成为课堂的内容，从而来支配教学手段、方法和过程，让学生感到自己的责任和存在，他们在练习中互相理解、支持，专心投入，更重要的是培养了学生的创造性思维，提高了他们的表现能力和创造能力，接下来把课堂交给学生，由学生组织、管理，教师做好适当的引导和评价。

教师在教学“站立式”起跑时，为了使儿童掌握快速起动的动作要领，并理解其意义，创设了“帮妈妈提重物”的情境，全体儿童想象在看动画片的欢快场面，这时，妈妈（学生扮演）提了一桶水，快进家门时走不动了，向屋里喊道:“孩子，快来帮忙……”全体学生演练快速起动前去帮忙的场景，从而使儿童掌握了快速起动的要领，又知道了如何服务于日常生活，起到了很好的效果。

体育教学的目的，只有通过儿童本身的积极参与，内化、吸收才能实现，这一本质属性决定了学生学习活动的主体，其能否主动地投入，成为教学成败的关键。而最有助于体现学生主体性的手段，当属角色担当了。小学生是特别喜欢担当角色的。他们善表现自己，善表演，也喜爱看表演，那富有情绪的角色形象，能唤起他们的新异感、好奇心，使他们激动不已，产生巨大的角色效应。教师在投掷教学中创设“小猴学本领”的角色情境，老师担当“猴妈妈”角色，学生担当“小猴”的角色，“小猴”跟“猴妈妈”学本领——投掷。在角色情境中，儿童仿佛变成了那个角色，由于角色的转换，儿童会情不自禁地按自己所扮演的身份与面临的处境去思考，表现出一系列的行为和情感体验，在这样的教学活动中他们的思维异常活跃，练习十分“卖”力，体会到主动参与活动的快乐，学习的效果也得到极大地提高。

2. 加强教学方法改革，运用儿童化语言

教师要在教学方法创新方面下工夫。比如创设音乐的故事情景，发挥学生的想象力。音乐能够陶冶人的情操，使学生在玩和活动中受到教育，通过音乐的引导，让学生充分发挥想象力。例如：将投掷轻物设计成“小小飞行员”的故事情景。利用信息手段，首先用军号声召集学生，做队列队形练习，然后在雄壮的进行曲中，学生想象飞机飞行的情景进行各种尝试，最后在各种音效的渲染中在天空自由飞翔、保家卫国的情景。这种方法往往能使学生学习情绪高涨，合作意识明显增强，完成动作积极认真。播放音乐渲染情境音乐能激荡人的心灵，能渲染情境，创造气氛。一段适宜的音乐，可以让学生的音乐语言与肢体语言沟通起来，调动学生的积极性，会收到意想不到的效果。教师在教学武术时，配上《中国功夫》这首曲子，不仅渲染了课堂气氛，还激发了学生的爱国主义情怀。在放松身心阶段，播放一段轻柔舒缓的音乐，不但让肢体放松，也陶冶了学生的情操。

运用语言描述创设情境是创设情境的重要手段。在体育教学中，教师恰当、灵活地运用语言，启发学生积极思考，开阔学生视野，拉近师生关系，促进学生对体育知识、技术和技能的掌握。如在教学《立定跳远》时，教师先给学生讲小青蛙找妈妈的故事，让学生自己模仿小青蛙跳，然后让学生用语言描述小青蛙跳的方法，教师再总结时引导学生描述出小青蛙一摆、二蹬、三跳跃、四轻巧落地的动作方法和要领。

怎样把学生的注意力，引入自己创设的情景中去，这可能需要老师动一下脑筋，讲一些学生比较感兴趣的语言，以及激励性语言，自然而然地引入情景，比如说今天教师创设的情景是解放军打仗，那么老师应该首先问：“同

学们想不想长大以后当解放军战士！”大部分同学会说想。这时候教师应该抓住机会说:“好！现在老师让你们先尝试一下解放军战士，现在有一个任务交给你们……”再比如今天教师创设的情景是学动物跳，教师们可以列举某些动物可以跳多高、多远。为了让学生跳远或跳高，教师可以让学生去努力模仿动物跳。总之，情景的创设需要教师多研究学生的心理，想方设法去营造一种气氛。当然，并不是什么内容都可以运用情境教学，像一些技术动作比较强的项目如铅球、三级跳远、跳高等，就可以运用常规教学项目。我们运用情境教学主要是为在某一个阶段，让学生把注意力，兴趣投入到学习当中去，积极性高一些，时间上充分利用。

运用语言描述创设情境语言是创设情境的重要手段。当我们学习田径某项运动技术时，常常用特点相近的运动现象来说明学习中的某个问题，使学生从中受到启发。形象化地感知到运动技术的速度、弧度、角度、用力方向、用力感觉、特点及做法，从而加快学生理解技术的过程。当我们教授某项田径运动技术时，常用特点相近的运动现象来说明学习中的某个问题，通过旁征博引，使学生从中受到启发。如小步跑，可描述成“马蹄在快跑中的落地，频率快而轻松”等。运用教育内容创设情境。运用教育内容创设情境，既锻炼了身体，又能对学生进行思想品德教育。例如，创设“小侦察兵”的情境，按照规定目标、路线、动作和教师的口令进行:听到“上山”口令，学生做高抬腿跑;“下山则小步跑;“通过敌人雷区”是曲线跑;“通过铁丝网”是做爬越动作等。在创设情境时，要充分运用语言功能。运用游戏创设情景学生都喜欢玩，创设一个游戏的情境，能使学生在动中有趣，动中有情，动中有练，通过意境情绪的驱使进行积极学习。例如:进行“大鱼网”的游戏，游戏开始后，音乐把孩子们的思路带到蔚蓝的大海边，带到宽阔的大江上，渔翁（教师）出示大网，鱼儿（学生们）带着头饰欢蹦乱跳在规定范围内游戏，教师拿着网去套“鱼儿”，学生们蹦着、跳着、笑着努力摆脱渔翁的网，这样一来学生学习兴趣盎然。例如，在“小白兔采蘑菇”的教学中，先集体教学，然后同学们推荐三名同学为组长，组长指导其他同学，相互协作，互相尊重、互相鼓励。“小兔子”在采蘑菇合作过程中，运用肢体、语言的交流，合作学习，克服重重困难，完成任务，交际技能得到提高，友谊也得到升华。在练习中倾听别的同学的建议，然后表达自己的想法，进行语言沟通交际，让他们通过与同伴交际和合作来完成学习任务，增加了学生间的倾诉和交流机会，同时也加强了他们的交际技能。

3. 深入挖掘教材内容，根据预定目标设定情境

体验是一种基于学生创设体验的故事情景，激发学习兴趣通过本身的活动经验，从中获得感性认识的过程，其主体是学生本人。在体育教学中，教师要充分为学生创设体验的情景，使学生在体验的过程中获得成功与失败的体验。

（1）改编原有的教学内容，实质内容不变，只是改变教学形式。例如，五年级部分内容改编。负重走或跑、连续跳、前滚翻、看谁投得远、负重蹲起；三人四足蛇形跑；谁先拿到球、400m或2分钟25m往返跑、抛接实心球、从高处跳下接跳起、“抗洪救灾”、各种动物跳、学做小刺猬、炸碉堡、“抗美援朝”、双龙戏珠游月湖、支援前方“送炸弹”、600~800m自然地形跑、十字接力、谁滚得准、龟兔赛跑、“鸡毛信”、打保龄球。

（2）根据时事自编教学内容。把社会生活中发生的事引入体育课中，能更有效地激发学生的兴趣，从而达到较好的教学效果。教师创设游戏的故事情景，培养学生的活动能力。游戏是一项学创设游戏的故事情景，培养学生的活动能力，学生十分感兴趣的体育活动，它内容丰富多样，形式生动活泼，利于激发学生的学习动机。例如：将障碍跑的教学过程设计成送“鸡毛信”的故事情景。铺设垫子作“草地”，把栏架当作“钢丝网”，用两条绳子摆设成一条“小河”，用实心球作“地雷”；让学生进行爬、钻、跨、绕等动作的练习，最后将信送到“目的地”的故事情景。在这样的教学活动中，学生的思维异常活跃，练习的情绪十分高涨，学习的效果也得到极大提高。

游戏创设情境学生都喜欢玩，创设一个游戏的情境能使学生在动中有趣、动中有情、动中有练。通过意境情绪的驱动进行积极的学习。例如：在进行准备活动时，教师将学生喜欢做的《老狼抓小羊》游戏带入课堂，音乐将孩子们带入茂密的原始森林里，老狼（老师）戴着面具，小羊们（学生）戴着头饰在规定的范围游戏，老狼去抓他们——学生蹦着、跳着、笑着努力摆脱老狼的抓捕，这样一来学生的学习兴趣盎然。又如上《投掷轻物》一课时，教师利用轻物当“炮弹”，并设计一个“堡垒”，让学生对准目标投掷“炸弹”，结束时比战绩，让学生在“战斗”情境中始终保持高昂的情绪，在玩耍中掌握了投掷技能。

根据生活材料创编教学内容：以人为本，使体育课更生活化，只有那些与实际生活联系比较密切的教学内容才会激发学生兴趣，同时也能使体育真正进入学生的生活领域，并使其终生受益。比如报纸、气球等都可以作为器材进行教学。

合理进行教学分组。情景的展开是一堂课的主要内容、精华部分，要合理运用，精心组织，既要让每一个学生达到动起来的目的，又要显得有条不紊，这就需要教师课前的精心设计和课堂上的合理安排。一般来说，情境展开部分的分组练习离不开这么几种组织形式：①随机分组，按照某种特定的方法将学生分成若干组；②同质分组，分组后同一小组内的学生在体能和运动技能上大致相同；③异质分组，分组后同一小组内的学生在体能和运动技能方面均有差异，各组之间的整体实力差距不大；④合作型分组，合作学习是新课程标准非常强调的一种学习方法，目前正处于探索阶段，但有一点可以肯定，即通过这种分组练习可以充分体现出同学之间的互助合作精神；⑤帮教型分组，即在以上各种分组型的基础上，参与者之间的关系是平等的，而帮教型分组中，学生之间所处的地位是不平等的；⑥友伴型分组，即学生在自由分组时，选择与自己关系较为密切的同学在一起进行活动或练习。当然同一堂课中也可以采用几种不同的分组方法，这就要看你这堂课所教的内容和学生情况而定了。

另外，体育场地，活动器械，都能以具体可感的形象作用于学生的感官，影响学生的生理、心理，进而感染学生的情绪。但客观物质本身是没有生命和情感的，这就需要我们体育教师精心设计和创造，使体育场地、器材“活”起来，让学生每堂课都有新感受。在教学《障碍跑》时，教师将需要的运动场设计为一个五彩缤纷的冲关比赛场，将体育器材配上彩色外饰摆放成富有挑战性的障碍，并通过音乐、语言等多种手段的作用，唤醒和激活他们主动学习的动力，使之产生强烈的参与欲望，并积极地投入到教学活动中来。教学中教师还让学生自己动手设置障碍，培养动手、动脑的能力，发展想象力和创造力。又如在教学《立定跳远》时，教师将场地布置成一个池塘，池塘里长满了荷叶，开满了荷花，让学生一看场地就喜欢上这堂课。

4. 营造宽松和谐的课堂学习氛围

教师要尊重学生的人格与权利，与学生建立民主平等的师生关系，形成健康、愉快的气氛，使学生在和谐融洽、宽松的环境下学习锻炼。体育教师的教学语言生动有趣，幽默动听，能拨动学生的心弦，激发学生欢快、喜悦的情绪，使学生精神振奋，课堂随之呈现活跃和谐的乐学氛围。如教一年级学生快速跑，新入学的学生不明白什么是快速跑，在进行教学时，可以创设一种情景：一只灰太狼在追赶一群小朋友，一些跑得快的小朋友跑在前面会脱离危险，离灰太狼很近而速度很慢的小朋友会被灰太狼吃掉。不仅能使学生对教师所描述的技术动作有深刻的理解，而且能使学生在有限的学习时间内，始终兴致勃勃地处于追求知识、锻炼身体的积极状态。如果不被灰太狼吃掉，那么小朋友应该怎样？一起喊“加油”“快跑”，在练习过程中互相鼓励，使学生在愉悦的环境中完成练习。有的学生技巧动作完成得很好，这时要及时给予肯定和赞扬，借以激发学生自觉参加体育锻炼的热情，认真上好每堂体育课。体育课堂教学留给学生自主的时间，培养学生的学习能力和自主锻炼能力。通过对话、交流，促进学生思考，加速动作技能的形成。课堂中给予学生交谈、讨论的机会。

在体育教学中有意识的通过故事情景的预设，让学生去发现问题，提出问题，从而发展学生的创造能力。例如：在一年级《大鱼网》游戏规则的学习中，教师首先让学生想象一下鱼儿生活的特定环境，将界线内规定区域比作池塘，界线外场地比作“岸”，然后提出鱼儿离开了水会怎样，在孩子们七嘴八舌地回答中得出“会失去生命”等答案。通过这种不直接显露目的，而是师生共同创设优化环境，对学生的心理及行为施加影响的方式，一步步达到既定教学目标：学会方法、遵守规则的过程，也是激发学生创造性思维的过程。又如在教二年级《30 米快速跑》时，将学生分成几个小组，充分发挥小组集体作用，启发学生思维，让学生在“怎样才能跑得更快”的问题中互相探讨，互相体会，然后创设了“小鹿赛跑”的故事情景，使学生的参与积极性强烈，更有效地开发了学生的思维能力。

从学生熟悉的生活情境和感兴趣的事情出发，抓住小学生爱听、爱看、爱讲童话故事，喜欢在故事情境中游戏玩耍的特点，将童话故事融入教学，让孩子们在生动活泼的情境之中锻炼身体，学习动作，体验学习的快乐。如在教学《投掷轻物》中，我将小朋友们最喜欢看的动画片《喜羊羊与灰太狼》的故事融入课堂中，让学生带上各自喜欢的羊羊面具扮演各自的角色，创设故事情节练习投掷的技巧，并调动学生视、听等本体感觉一起参与活动。这样的教学情境学生一上课就感到生动有趣、形式新颖，在主动地练习中获得了学习成功的体验，促进了身心发展。

例如：在教低年级立定跳远时，教师就从童话故事“小蝌蚪找妈妈”来导入课堂，在用生动的语言和描绘法讲述故事情节的同时，师生也同时进入了一种角色，让他们模仿小蝌蚪寻找妈妈并遇见了各种小动物，如小猫、大公鸡、小鸭子、大象、小猴子、小兔子，最后找到了青蛙妈妈，于是引出青蛙妈妈教蝌蚪学本领：立定跳远，从而活跃了课堂的气氛，促进了个性发展。又如在故事情景的渲染中加入儿歌辅助教学，使形式更加活泼，内容丰富，激发学生参与热情。创设"小白兔回家"故事情景进行接力跳游戏，一边游戏一边唱儿歌：小白兔，跳跳跳，两膝夹个小沙包。跳到草地吃青草，吃饱肚子往家跳。看谁最先跳回家，大家夸它"妙妙妙"。使活动中的学生寓情于境，充分体验运动的快乐。

想象是创新的基础，心理学理论告诉我们："创新起源于想象"。所以，在创设想象情境时，要抓住学生思维活跃、想象丰富，头脑中常有一些超乎常规的"奇特"想象的特点，激发学生充分想象，并渗透到课堂教学的每一环节，启发学生多想新花样，鼓励与众不同，做他人之所不能。在教学《模仿操》时，教师在练习前让学生想象，并诱导启发，让学生模仿小鸡、山羊、大象、鸭子、企鹅、猩猩等动物的动作，这样既提高了学生的学习兴趣，又培养了学生的创新精神和能力。

在体育课中实施情境教学应注意如下问题：首先，从学生的实际出发。创设"情境"要适合学生的认知水平、生活实际和年龄特点，使他们弄得懂、想得到、学得会，以达到提高学生兴趣，完成教学任务的目的。如在上水平一《后滚翻》时，教师采用小猴学本领来贯穿整堂课，让学生根据故事情节来完成后滚翻，掌握一贴、二夹、三团身的要点，让学生全身心地扮演小猴。但水平三的孩子们都不再适用这个情境。其次，依据教学内容。"情境"要与教学内容有机地、巧妙地相结合，使学生感到合情合理，切忌牵强附会。此外，教师还要善于控制情境导入的时机，把握情境的节奏，在体育课堂中要有随机生成的情境，使情境逐步地延伸和发展。情境教学要贯穿整堂课，给人一个整体的感受。不可小片段、多故事，造成课堂内容的混乱。再次，情境教学中还要时刻渗透德育教育。通过"情境"，增进学生之间情感的交流，增强学生之间团结互助、遵守纪律的意识，促进良好的班集体的形成，实现学生良好行为习惯的养成教育和人格教育。

几年来，我们在体育课中大胆探索，努力实施情境教学，大大拓宽了体育课教改思路，学生的学习兴趣调动起来了，课堂气氛巧妙地渲染起来了，师生关系和谐了，学生喜欢上了体育课，学生的意志品质、能力都得到很好的培养，体育教学质量也大大提高，我们也体验到了当体育教师的幸福和快乐。

第2节　快乐教学

由于小学生具有活泼、好动、好奇，以及上进心和好胜心强的特点，在教学中采用游戏、测验、比赛等多种多样的竞技形式，不仅可以发挥每个学生的主动性和创造性，而且可以提高小学生的身体素质，提高动作技术，陶冶情操。譬如小学四至六年级的教学内容均有 400 米耐久跑，在处理这一内容时，可运用游戏、竞赛形式进行全程跑，像结伴跑、甩人跑、超前跑等；也可以采用在 200 米处的报时跑，400 米全程计时跑以及 50 米 ×8 往返跑等。例如在“障碍接力赛跑”游戏教学中，用排球网、框架、棕垫、画线等设置了“敌人封锁线”，用塑料小手枪作为接力棒，再加上播放录有冲锋号声、炮弹声和机枪声交融在一起的音响。在这样的意境中做起游戏来，学生的积极性甚高，课堂气氛极其热烈，同学们的加油声一浪高过一浪，直到下课，听课者与师生的余兴仍然未消。

总之，努力探索“激发兴趣”的途径，“寓体育于兴趣之中”，孩子们就会感受到体育活动的无限乐趣，从而积极主动地参加各种体育活动，这样有利于教学目标的顺利完成，又有利于发展学生的个性、陶冶美的情操。

快乐体育是指在教学过程中充分调动教和学的积极性，使教师乐教、学生乐学，使全体师生在学习过程中始终体验运动乐趣的一种体育教育思想。快乐体育是体育教学所追求的目标，让学生在快乐的气氛中接受知识，学会方法，真正做到“想学”“敢学”“乐学”。

那么，应如何进行快乐教学呢？

1. 转变教育教学观念

首先，要转变教师观念。传统教学观念是教师在课堂上一味地采用灌输方法，一切问题教师说了算，严重妨碍了学生在教学过程中的主体地位的发挥。在美国等发达国家，学校体育提倡以健身、兴趣、娱乐教育为主，淡化竞技体育。教师在教学之前应了解学生喜欢什么，选择他们喜欢的体育活动。

其次，转变学生观念。那么应该如何转变呢?

（1）增强自信心，成为课堂学习的主人。教师用和蔼可亲的语言鼓励学生积极主动参加课堂教学，增强他们的自信心，由原来的“要我学”变成“我要学”的思想，让学生从思想上真正认识到他们才是课堂学习的主人。一切教学活动都是为了发展学生的身体素质，促进学生的身心健康，鼓励学生在课堂中勇于提出自己的看法和观点。只要有利于激发学生参加体育的兴趣，能让学生“想学”“敢学”“乐学”的方法，教师都应该主动接受，使学生成为课堂真正主人，让他们在体育课堂中能品尝体育的快乐。

（2）建立和谐师生关系、生生关系。俗话说得好：言教不如身教。教师的一言一行给予学生潜移默化的影响。在教学中，教师应融入学生中去，成为他们的朋友。利用肢体语言与学生交流，如身体的接触、抚摩孩子、蹲下来和学生说话等。教师还可以利用自己行动感染学生，以微笑服务学生。例如《老鹰捉小鸡》这样的游戏，教师可以用夸张的肢体语言来模仿老鹰的动作，幽默的脸部表情等都能激发学生的练习积极性，调动学生的练习欲望，满足他们心理和生理上的快感。同学之间也应建立良好的伙伴关系。教师可以让孩子自己选择合作伙伴：兴趣爱好相同的结伴，可以使学生在练习和交流中感到快乐；练习能力相仿的结伴，可以使学生在练习和比赛中体验成功的快乐；练习能力不同的结伴，可以助人为乐。这种方式的采用大大地提高了学生的人际交往能力，为他将来在社会中成长打好基础。

培养良好的师生感情，建立融洽的情感氛围融洽的师生情感，首先是教师要尊重学生、爱护学生、关心学生，对学生晓之以理，动之以情，决不能言辞过激，讽刺挖苦，师生间架起情感的桥梁，在情感上给学生减负。例如，某班里有一位身体比较胖的女生，她文化学习成绩很突出，但是身体素质差，长得又胖，特别怕跑的项目，怕跑的姿势不好而被其他同学取笑，对此，在教学中教师要尽量用和善的目光去鼓励她练习，主动耐心地帮助她，课余还找机会与她交谈，并且通过班主任和她家长取得联系，得到家长的支持和配合。老师的这些做法使她对体育课的态度发生了变化，逐步克服了“怕动”的心理。由于她有了学习锻炼的自觉性，体育成绩也有了一些进步。

2. 改变传统教学模式

改变教学方法。学生都具有活泼、好动、好胜和积极上进的心理特征，可利用游戏，活跃课堂气氛。如果教师在教学中，能启发调动学生学习锻炼的积极性，激发学生兴趣使他们得到快乐，就可以活跃课堂气氛。如在小学高年级，学生对课堂的准备活动总是不认真做，做得不够充分。针对这种情况，教师就应该利用棒操、球操、沙包操等来代替徒手操，使学生一开始上课就有兴趣。在主教材方面，也要多想一些游戏进行教学。大多数学生若都认为体育课是以“玩”为主的，就会对体育课有兴趣，因此教师就应该利用学生这个“玩”的心理，结合主教材来进行游戏练习。这不仅能调动学生的积极性，活跃思维，培养兴趣，还可以锻炼意志、培养高尚的情操和集体主义精神。如快速跑，过去就是一味强调练习次数，时间一长，学生觉得又累又讨厌，改变方法，利用游戏和竞赛，将学生分成四组，进行追逐跑、接力跑，以及利用体操棒或实心球进行跨步跑，不仅可以激发学生的兴趣，也可以提高学生的速度、增加学生的步幅。这种形式不仅使学生在心理上得到满足，同时也起到了准备活动的辅助功效，激活了课堂气氛。

利用灵活多变的教学方法和手段，诱发学生学习兴趣，新奇的刺激是提高学生学习的有效方法。因此，在体育教学中，不断创造性地运用新颖灵活的教学方法，富于变化的体育教学组织形式和手段，课堂上适度给学生“自主权”和“自由度”，让他们动脑筋，边想边练，去尝试、体验，并与同伴切磋琢磨，互相教，逐渐由不会到会，由不熟练到熟练。例如，上小学低年级课，内容是身体基本活动和武术，将一组过花桩、独木桥、爬竿、过软梯等和武术中的拳术、棍术组合起来，编成“上花果山”的故事情节，让学生边学边练，边唱边模仿，使学生们在想象中即学会了动作，又体验克服困难的精神，师生关系和睦，教学充满乐趣。

教师应努力倡导学习方式的自主化、多样化。新课程关注的核心是满足学生的需要和重视学生的情感体验，促进学生的全面发展，所以在注意发挥教师主导作用的同时，特别强调学生学习主体地位的体现。在教学中把学习的主动权放到学生手中，引导学生开展合作与探究学习。根据新课程的理念，把教学内容单元化，把学生小组化（四人自主结合，称为小小组），每进行一个新的单元学习时按不同的学习目标来选择学习内容的顺序，在教学中努力做到给学生一点时间，让他们自己去安排；给学生一个问题，让他们自己去解决；给学生一个机会，让他们自己去抓住；给学生一个权力，让他们自己去选择；给学生一个情景，让他们自己去创造。每一个教学内容都只提出大要求，对于学生能自由发挥的地方不做要求，让学生有充分想象和体验新内容的空间。在每一个单元学习的最后一节课作为创编活动课，这节课中，老师只提出活动的安全要求和有关内容要求，如跑的单元学习的创编活动课要求就是“游戏或活动中要有跑，小组成员要一起活动，活动中注意安全”。因为老师提的要求给了学生足够的空间发挥想象，所以短短的一节课学生创编出了十多个有关跑的游戏和活动，有的是在老师教过的游戏中进行了改编，如障碍跑、绕物跑、接力跑等。有的是全新的自己想象，如夺龙珠，手拉手跑、蜜蜂采蜜等。还有把跑融入球类活动：运球接力、二对二小篮球比赛、追逐球等。学生们不仅积极参与了活动，还给自己小组的游戏冠上好听的名字。只要老师努力地为学生设置好这样的学习平台，让学生在尝试中学习、在合作中学习、在交流中学习、在游戏中学习、在比赛中学习，那么学生得到的不仅是浓浓的乐趣，更是技能、思维与做人的锻炼。

形成促进学生个性发展的教学组织形式，利用游戏和竞赛，让学生享受到成功的喜悦要充分发挥体育委员和小组长的带头作用，让学生在自己创设的特定情境中，担当他们向往和能展示自己特长与能力的角色。练习形式多种多样，做到“形散而神不散”。例如,《大鱼网》的游戏，儿童初做会觉得有意思，再做就开始觉得单调，有些乏味，不再吸引他们。为此，教师把游戏改为“聪明的小鱼”，再精心设计场地。创设了“大海”的景象，跳箱“礁石”，垫子做小鱼的家，还有水草，渔网，老师当渔夫，学生是在大海里自由自在的小鱼，并在游戏中启发他们通过大家的智慧，如何不被渔夫抓住，如何去救被抓住的小鱼。再加上教师的表情动作，会给儿童带来一定的情绪色彩。虽然这是一个奔跑游戏，有一定的强度，但在游戏中，通过他们的表情却是兴奋的、欢快的，忘记了疲劳，想到的是有趣，连一些平时不好动的学生都对教师说：“我们再做一次吧！”练习形式活了，气氛也活了，是学生在兴趣盎然中学，在收获中学，培养学生的主动性、自觉性，发展了创造能力，从而达到“我想学”“我会学”“我要学”“我爱学”。

多采用小型竞赛低年级学生争强好胜，热衷于小型竞赛，教学中可以充分利用他们的这一心理特点。如当学生掌握快速跑动作后，就可以组织他们进行直线接力跑、十字接力跑；单脚跳可演变成跳进去拍人和斗鸡；投掷小垒球可组织学生打坦克、打飞机比赛，由于比赛激烈，学生就能较好地全身心投入。又如：学生甲在走廊上玩，学生乙在其背后打了一下，只见甲猛一转身，拔腿就追，直到甲、乙两人都气喘吁吁地趴在地上为止。此种在操场上屡见不鲜的镜头引起我们的思考：为什么学生在学习起跑时反应就不那么快？为什么学生练习耐久跑时就不能那样卖力？其实，学生在玩耍时都显露出其个性心理特征，如果教学过程能适应其个性，能激发其个性倾向性，那么教学效果就会大大的提高。

（2）改造教学内容。为了实施快乐体育教学，教师把传统的教材内容进行校本化、儿童化、趣味化改造，简化教材的技术结构，主要包括简化规则和降低技术要求，例如，教师把小学高年级的蹲踞式跳远的技术简化成直线跑→单脚跳→向上蹲→双脚落；规则上的简化则是把起跳板改成起跳区，即从起跳点量到落地最近点。让学生活动时不受过多的限制。在选择教学内容时应符合学生的身心发展特点，关注学生的运动兴趣，同时还要注意内容的科学性，增设学生喜爱的、趣味性浓厚的游戏、竞赛等教学内容，让学生在活动中充分感受快乐。

选择适合个性发展需要的教学内容。由于小学生的年龄跨度较大，在教学中必须注意到学生的年龄特点，这就要求教师要熟悉教学业务，扩大知识面，在充分了解学生的基础上，选择适合学生发展的教学内容，让学生在个性化“需求”中探索、发展。低年级教学可采用童话形式，把儿童非常熟识和喜爱的小猫、小兔、小狗、猴子、小鸡、小蜜蜂等编成故事内容，进行教学。例如，用“老猫”教“小猫”学本领为主线，用投掷羽毛球、鸡毛毽、纸飞机等代替掷沙包、垒球，这些内容不仅学生练习兴趣高，也完成了教学任务。

选择生活化、游戏化的教学内容。低年级的孩子，他们除了天真、好动、富于幻想、敢于尝试外，对生活中的每一件事都充满了好奇，充满了向往和亲近。于是我们走进学生的生活，了解他们喜欢的：哈里·波特、皮卡丘、数码宝贝、宠物小精灵、童话故事、民间传说、天文地理等等。把这些人物、故事、情节结合到教学内容中来，于是龟兔赛跑（追逐跑）、星星月亮地球太阳（绕物跑）、放飞风筝（快速跑）、丛林历险（障碍跑）、碰碰球（抛掷球）、有趣的地滚球、会飞的小老鼠（绳结投远）、彩色飞笔、小青蛙学本领（双脚跳）、小猫捉老鼠（跳上跳下）、跳房子（单双脚跳）、跳树叶（立定跳远）、编花篮（单脚跳）、小火车爬楼梯（原地踏步）等游戏就走进了我们的课堂。这些常规内容的引申和变化以它贴近孩子的生活，以它特有的游戏形式深深地吸引着我们的学生。孩子的猎奇心理与好玩的天性不仅倾心于游戏，他们对传统的民间活动跳绳、踢毽；对现代新兴的呼啦圈、欢乐活泼搏击操、PALAPALA 舞同样充满了兴趣，因为在他们手中，绳子不仅可以跳出很多花样来，绳子还是善变的，它是游动的小蛇，它是小猴的尾巴，它是美丽的露珠，它是高高的楼房，它是盛开的鲜花，它又是变幻的海底世界……于是我们的孩子就有了超人的想象，夺龙珠、小球钻山洞、老鹰和小鸡（老鹰手持软排抛击最后一个小鸡，击中交换）碰板游戏（变化规则和器材后的篮球比赛）……那无穷的想象告诉我们，他们是乐学的。

教师可以课堂上做一些集中注意力的练习。由于学生注意力容易分散，上课时往往是“人到课堂心未到”。针对这一情况，可以根据教材内容，编一些韵律操，配上音乐或指挥学生做反口令练习、模仿动物动作等各种新颖、有趣的集中注意力的练习，收到了良好的效果，达到快乐体育的目的。

（3）改变场地器材布置。场地器材的合理运用是教师上好课的前提，它不仅能优化课堂的教学效果，同时也能让学生一下子被吸引住，激发他们练习的欲望。课堂中教师可以把体育器材布置成小学生熟悉和喜爱的图形，如长方形、正方形、菱形等。比如：在练习投篮时，教师可在两篮球架中间系两条彩带作为篮筐。这样给学生清新的情境和直观的感觉，引发学生的好奇心。

（4）改变评价方法。对学生的评价要采用主客观评价相结合，终结性评价与过程性评价相结合；绝对评价与相对评价相结合，由单一内容评价向多元内容评价转变。做到评价不仅仅局限于运动技能，更重视学生的学习态度、参与意识、情绪状态、合作精神、意志品质等因素。还要考虑到学生生长发育个体差异等情况。对教师则从教师对快乐体育课程目标的理解，学生对你所教体育课的兴趣、喜欢、参与活动的程度以及教师创造性开展工作的能力等方面进行评价。

确定一个科学合理的考核方式非常必要。体育考核为三大块：体育的基本技术、技能，课堂常规，体育理论。为了减轻学生负担，理论考试完全可以口头进行，也可以当堂学当堂测验，内容是多方面的，如体育基础知识、卫生保健知识，也可以是平时讲述的，或是国家、国际大赛的一些知识。本届奥运会我国取得多少金牌，都是哪位运动员什么项目取得的等等，像这样，即增加了学生知识的获得和对知识的求知欲，又不是一味地要求学生花时间背诵，也减轻了学生的考试压力。快乐体育教学以发展学生个性、调动学生的主动性为主。这是我国学校体育改革的必然趋势，也是社会发展的一种需求。这对教师也提出了更高的要求：要求充分地掌握教材内容，备好每一节课，要求教师有责任心，由于是快乐教学，以学生为主动，一切从学生的利益、要求、兴趣出发，时刻注意学生的安全；根据学生的年龄特点，教学中要做到松紧适度，放中有收，收中有放，让学生充分地享受“减负”后的乐趣。把猜谜、讲故事引进体育课。目前，体育教学方法基本上是教师讲解动作概念、要领，示范，然后学生随教师进行模仿练习，方法单调，吸引不住学生，学生的自觉性和主动性得不到充分的发挥。如果采用提问式教学，可收到良好的效果。因此，教师要根据教学内容设计教法，要有选择性和针对性，常变常新，步步深入，始终吸引学生的学习兴趣，进而把教学过程变成学生想学、乐学的自觉行动。

3. 丰富课外体育活动

（1）开放课外活动以前，学校课外活动要求学生统一行动、整齐划一，不考虑学生的兴趣爱好。这是十分不利的做法，根据教育部提出的“体育、艺术2+1项目”的要求，史家小学对体育活动课充分放开，尊重学生自己的兴趣爱好，重视学生参与性、娱乐性、合作性，学生可以选择自己喜爱的运动项目，自带体育器材，体育教师和班主任都要求到场指导和组织，让课外活动真正成为学生的乐园。学生们不仅身心得到锻炼，个性也得到充分的发展。

（2）拓展家庭体育。学生在学校参加体育活动的时间毕竟是很有限的，而学生的节假日时间却很多，为了引导学生利用好这块时间，开展好家庭体育活动，根据不同年龄段学生的特点，要求家长帮助自己的孩子进行活动，如：有的学生因肥胖耐力素质很差，就建议家长安排时间带孩子去野外多活动等。快乐体育不是“放羊式”教学，而是体育教师所追求的目标，在实践中要不断探索、不断学习、不断努力，要在体育教学中增强意识、开拓思路、寻找方案、追求实效，让学生在体育课堂中，真正享受体育的快乐。

教师要有计划地让学生了解体育的功能和目的，以及体育在人才成长发展和自我完善中的重要性和必要性，促使学生有端正的学习态度，养成自觉锻炼身体的习惯。其次，要通过丰富多彩的体育活动和形式多样的教学手段，激发学生积极性。体育教师要重视学生对体育课的兴趣和参加体育锻炼的兴趣，因此，良好的培养要尊重学生的情感和体验，给学生留有充分时间和体育活动空间。引导和鼓励他们自主地进行体育锻炼，引导和鼓励他们自主地进行体育锻炼，从体育学习和活动中获取更多的益处。教学唤起学生对学习内容产生浓厚的兴趣使他们身心投入到学习当中。

4. 不断提高教师自身素质

培养学生运动兴趣，不断提高自身素质。教师的良好表率会使学生在榜样力量的鼓舞下，奋发进取，积极学习。如上课开始，教师穿着整齐的运动服装，精神焕发地来到学生的队伍前，不仅会使学生的注意力集中，而且会使学生的学习兴趣增加。相反若是教师工作马马虎虎，上课松松垮垮，对学生放任自流，讲课精神不振，就会诱发学生对体育产生厌学心理。在教学时做到精讲多练，一步一步，一环套一环，由浅入深的让学生学习掌握。比如在进行三年级后滚翻教学时，教师划分了几个过程：先复习前滚翻，体会身体团身滚动的感觉；学习翻掌贴肩，后到团身动作，在团身后滚时，能熟练做出翻掌贴肩动作；在进行后滚翻的模仿学练、重点学习、改进提高、巩固完善。教师在研究教材时要找出相关联的知识点，相似的技术动作等，找出之间的纵横关系，平时多写写，用一个知识点联想出其他的，看看这个教学方法除了可以教这个技术动作，还可以用于其他的教学内容吗？自己多思考思考，勤动手写写。

教师要认真充分备课，教学语言严密设计，认真备课是上好一节课的重要环节，备课不仅是要备上什么内容，重点是备这个技术动作采用这样的方法教学，采用这样的讲解示范，学生会有什么样的反应，对于冗长的技术如何进行提炼，通过何种语言、何种讲述方式学生易于接受理解，上一个内容和下一个内容之间的衔接语言是什么等等。课前充分备课，就会让教师上课时游刃有余。体育教师虽然课多，但是绝对不能马虎备课的过程，一定要仔细认真，把上课的重点语言全部写下来，反复推敲，请教探讨，再在课堂中实践，反思再实践。

教师调整最佳的个人状态，让自己充满活力和激情。有的时候，教师不是需要更多的知识，而是需要更好的状态。天有三宝，日月星，地有三宝，水火风，人有三宝，精气神。一个好的老师绝对不会把自己的不良情绪带到课堂上，而是及时调整自己到最佳状态，以饱满的热情投入到课堂教学中。如果一位教师愁眉苦脸地进入课堂，说话有气无力，可能使学生原先高涨的情绪像潮水一样退去；相反，如果一位教师以高昂饱满的情绪进入课堂，语言轻松活泼，刚劲有力，动作示范完美轻盈，将会使学生感到轻松和愉快，从而给快乐的体育课堂奠定良好的基础。

体育课中的一些小游戏，老师可以跟学生一起玩，把自己融入学生的课堂中，一起欢笑、一起活动，就算不想参加的学生也会被老师所带动，这样就让课堂充满了灵性，师生同乐。虽然人总会有不开心的事，但是在你投入工作的时候就要抛开杂念，百分之百进入工作状态，这需要不断培养自身心理素质、情感素质的，不是一朝一夕就可以做到的，坚持不懈地努力一定会卓有成效。

善用幽默，让语言生动形象小学生有其独特的身心特点，所以给小学生讲课，教师用直观性强的语言说话，就能使学生如临其境，如闻其声，如见其人，如睹其色，可适当运用故事或谜语讲述，在教立定跳远的时候，教师编排了生动的口诀“两脚分开一脚宽，屈膝小燕飞，一、二、三；落地屈膝稳稳站”，让学生想象青蛙跳的动作，学得兴致盎然。

教师主动贴近生活，走进学生心里小学生有自己的生活空间和知识层次，作为老师不能用成人的思维去束缚他们。“亲其师，信其道”，要想充分发挥学生的主体地位，教师可以多去跟学生交流，放下老师那种高高在上，盛世凌人的气势，用平和的心态跟学生交流，从学生那里了解学生的需求、想法。平时也可以多看些青少年儿童的综合性节目，学习主持人的语言，组织活动的方式等。

心理学家研究认为：一条信息的传递效果中，词语的作用占 7%，声音占 38%，而动作表情占 55%。老师一个肯定赞许的目光，可以让学生得到一种被认同被表扬的积极心理暗示，如果再配合简单的口头表扬，学生会越来越积极，练习起来也会更加带劲。体育教学中，教师仅仅依靠丰富的词汇和发音技巧来表达思想还不够，教师可以借助生动、准确、明了、恰当的体态语言来传递教师的教学意图，而且对于学生来说，老师完美、轻松、熟练的动作示范能更好地吸引他们的注意力，提高学习兴趣，从心底里佩服老师，把老师当成自己的偶像，就越发愿意跟老师学习。

利用风趣精彩的语言，巧妙地导入新课兴趣是学习活动的重要动力，也是变“厌学”为“乐学”的关键。导入新课是一堂课的主要环节。教师根据学生的心理和生理发展及体育教材的特点，采取课前语言引趣，挖掘教材非智力因素，精心设计一个“开场白”，力求做到“趣味化”。低年级学生对教师有一种特殊的依赖与信任情感，教师利用他们的“童心”“童趣”“童语”“童行”去对学生导教导行，使学生产生学习兴趣，保持良好的注意力，从而能主动、积极地进行锻炼，变“要我学”为“我要学”。从心理上进行运动的“减负”。例如：刚入学的一年级儿童在初学集合排队时会互相拥挤，找不到自己的位置，甚至因为着急而乱说乱叫，针对这一现象，教师把学生四路纵队分别编成“小鸭子队”“小黄狗队”“小白兔队”“小花猫队”，并给每位学生编号，这样一来，儿童从心理上乐意接受。再集合的时候，教师说：“看哪一队的小动物能最先找到自己的家？”加上教师的表情，语言提示，可使儿童进入角色，逐渐养成良好的组织纪律性。

第3节　口诀教学

口诀教学是我国古老的教学方法之一，是根据教学内容的技术动作结构和特点而编的顺口溜，它类似于儿歌，听起来津津有味，念上来朗朗上口，文体新颖、简明扼要、重点突出、形象生动、条理清楚、寓意深刻有感染力，使学生能听得懂，记得牢，符合体育教学中精讲、多练的原则，充分提高学生学习的积极性。

1. 在教学中实施口诀教学的价值

（1）准确性是教学语言的灵魂，没有灵魂的语言就没有生命。教师必须钻研教材，理解教材的纵横关系，了解正确的技术动作，这有利于学生根据口诀做出正确的动作。以前滚翻动作为例：“下蹲手前撑，蹬后要团身，滚动成圆形，翻转抱膝蹲。”简单的几句话准确地描述了前滚翻整个技术动作，使学生建立了正确的动作概念。

（2）体育教师在课堂上“精讲多练”，合理利用准确、精练的语言是体育教师的重要基本功，也是激发学生学习积极性、活跃课堂气氛、充分利用有限时间来达到预期教学目标的教学艺术。教学中要体现“精”，体育课的练习时间很有限，教师要抓住动作要领，简明扼要地概括出要点，让学生好记好掌握。以排球的垫球技术为例，教材中对此技术动作的描述有 150 多字，且重点不突出，而口诀则简单明了，仅 28 个字，便把整个动作的轮廓勾画出来，“双腿开立重心低，双手互握插球底，小臂夹紧造平面，腿、腰双臂齐挺起”。这种精炼的语言表达方式，不仅能使练习者很快掌握技术动作要领，而且也为今后的学习打下了坚实的基础 .

（3）没有枯燥的知识，只有枯燥的讲授。形象生动的教学语言是教学的催化剂。形象生动的语言符合学生的认知能力，在讲解中往往会遇到体育术语，而学生的认知能力有限，难于理解，这就要求教师把术语转化为形象生动的口语，化难为易。例如，在教后滚翻时，教师把“团身紧，后倒快速及时……依次滚动”变成富有儿童色彩的“团身如刺猬，后滚像皮球”。这样学生易于接受，掌握动作快，而且课堂充满快乐气氛。

（4）幽默、风趣的语言是课堂教学的润滑剂。一定的幽默感和教学机智行为是调节师生情绪不可缺少的有效方法。实践证明，教师在体育教学中运用风趣和富有幽默感的口诀教学，容易实现对教学的有效控制，更便于缓和工作中的紧张局面，也更能以一种积极、乐观的态度来处理矛盾，从而造成一种良好的教学气氛。例如《快速跑起跑》口诀:“起跑身似箭，姿势像拉纤。”

在体育课中，生动准确的语言刺激，能引起学生相应的思维活动。在贯彻教育教学、阐明动作要领方法、启发诱导学生的积极性和自觉性等方面，运用准确、简练、扼要而通俗的语言，使学生能听得懂、记得牢，而口诀是具备这些特点的。在教学过程中，只要有助于教学的语言、声音、形象等都应尽量采用。寻找与日常生活接近的姿态或行动来说明一个动作的正负作用，较夸张地突出学生所学不足之处，使学生像透过放大镜一样看到自己的缺点。如教学排球的上手传球，学生不容易掌握得恰如其分，多数的毛病是“又平又叉还有放花”，而正确的应该是“两手弯曲像个钩，拇指食指之间像个桃”，这样一说，形象、具体，学生明白。又如我们每节课都有“立正”“齐步走”的动作，尽管每节课重复，但做起来总不整齐，教师总是要求再做一遍，学生不但得不到教育，反而失去兴趣。如果教师这样提出“立正”的要求：“三挺向前看，两脚八字一条线。”同学们虽然不能做到十分准确，但两者之间有了明显的形象对比，提高了兴趣，容易接受。总之，口诀教学通俗易懂，便于记忆，教师讲解不费思索，可以脱口而出，学生也能心领神会，容易接受。语言是表达思想的工具，所以教师必须重视教学语言，因为这不但是一项重要的基本功，而且还是一种教学能力、一种表现艺术。离开语言就无法进行教学，更不可能产生趋于完美的教学效果。这里说的口诀是直接对学生讲的，说出来的话能使学生迅速理解，一听就懂，并且紧密结合学生的身体练习，来指导他们的实践，而且容易记忆，容易传诵。

在一次备篮球行进间传接球课时，教师把要领编成顺口溜：“球领人，人追球；人球遇，不停留；边跑动，边传球；球接稳，穿对手。”上课时教师与体育委员先示范，然后叫全体同学齐背几遍要领，牢牢记住。练习时同学还边练要领，边练动作，气氛活跃，情绪高涨，效果良好。甚至下课后，有的学生还饶有兴趣地背上几遍。可见，学生对这节课的记忆犹新。这节课对教师的启发也很大，这种形式讲技术要领，学生很喜欢。

蹲踞式跳远技术分助踏跳、腾空和落地四部分组成。其中踏跳又是关键。由跑、踏跳、腾空和落地四部分组成。其中踏跳又是关键。教师编的口诀是这样：助跑放松渐加力，踏跳积极莫犹豫，腾空平稳收双膝，落地缓冲脚并齐。把助跑、踏跳、腾空、落地四个部分都包含进去了，生动形象，一目了然。

对学生而言，对于动作要领比较复杂的技术，教师如果照本宣科地讲一堆的话，学生很难记住，也不一定愿意听。越式跳高过杆的空中动作也不太好讲，教师把它编成“一提二摆三蹬直，先跨后越要以次；起跳爆发臂展翅，拧腰展体看杆子”这样的口诀，收腹的问题就自然而然地解决了，同时还纠正了一般都存在的向前冲的错误动作。在低年级学生的学习过程中，这种儿歌口诀式的口令，易于激发学生的情绪，给学生以提示，并检验自己的动作。例如在原地踏步时，有些学生注意力不集中、动作不到位，可以带领学生说“前后摆臂121，抬头挺胸有精神，大腿抬高121”，学生随之便检查自己的踏步是否正确符合要求，并且情绪高昂，利于其他学习内容的教授。

兴趣是最好的老师，当学生对某些东西产生兴趣，就主动、乐意地去学习了。形象生动的口诀，改变了教师在讲解时的平铺直叙和学生听课时的枯燥乏味，朗朗上口的口诀贴近学生的生活，调动了他们的求知欲，吸引了他们的注意力。

案例分享8.1 几种体育教学口诀

排球技术教学口诀

（1）垫球：屈膝抱拳迎来球，含胸收腹臂起夹。前伸压腕球下插，蹬腿跟腰肩放松。

（2）正面下手发球：抛球右侧右臂抬，右转胸腹伸展开。全掌推压成上旋，击准部位是关键。

（3）传球：对正来球稍蹲下，勺型手势额上迎。蹬地伸膝并伸展，指腕弹球力适宜。

跑的动作要领

(1)各就位：肩宽撑地后膝跪，两手伸直拇相对，姿态自然颈放松，定下身来莫晃动。

(2)预备：后膝离地抬起臀，臀比肩高半蹲撑。前腿与肩负体重，聚精会神听发令。

(3)发令：两腿迅速蹬地，两臂摆动积极，保持身体前倾，步幅小快速蹬。

(4)疾跑：用力蹬地频率快，上体逐渐抬起来，髋部积极向前送，加大步幅不摇摆。

(5)途中跑：步长最大频率快，重心稳定直线好，摆臂肩带须放松，屈肘摆臂要协调，蹬地角度尽可小，伸直膝踝很重要。蹬离折叠莫后撩，大腿前摆要抬高。

(6)终点冲刺跑：上体前倾频率快，保证速度切莫跳，最后一步猛后蹬，前倾挺胸把线撞。

篮球动作要领

(1)行进间单手肩上投篮：放松跨步迎接球，上步踏跳快举球，眼看球蓝臂上伸，轻轻压腕指拨球。

(2)运球：以肩为轴腕放松，五指分开把球控，上引下按指用力，球似黏手好运动。

(3)行进间传球：跑步如常莫慌张，侧身面对球方向，一步接来二步传，不停不跳不慌张。

(4)双手胸前传球：持球置于胸腹间，两脚蹬地体前移，两臂前伸腕上翻，抖腕快速指拨弹。

足球教学口诀

（1）正脚背踢球：直线助跑膝弯曲，大腿带动脚背击，触球刹那脚背直，收腹摆腿球前飞。

（2）脚内侧踢球：无论定位和地滚，膝踝外展脚尖跷，脚腕绷紧触击球，摆幅速率注意到。

（3）脚内侧接球：内侧接球面积大，触球瞬间踝内拉，身体重心随球移，控球范围在胯下。

（4）正面头顶球：前额击球位正当，两眼看准球下方，蹬地收腹加摆头，颈部用力控方向。

2. 口诀的语言要素

（1）准确：要想语言上准确，必须要概念明确判断恰当，如足球的脚背内侧踢球口诀："助跑斜后方，踏准对方向"和"侧身弧形摆，蹦直掌外翻"。

（2）精练：就是不啰嗦，意近而言止，干净利落，能以最经济的语言表达出最丰富的内容，例如推铅球技术动作口诀："蹬、转、挺、推、拔"。

（3）生动形象：口诀之所以为大家所喜爱，是同它的生动形象分不开的。而形象也是达到生动的一个重要手段。例如足球的头顶球技术动作口诀："眼要看球不缩脖，顶球部位用前额，颈部要紧不要松，向后倒体拉满弓"。

（4）押韵顺口：在创编口诀时，语言要顺口，不要勉强，以免以韵害意。例如：在介绍"下压式"传接棒时，接棒人要做到"手臂向后伸，虎口两边分，向上是掌心，屈膝身前倾"，传棒人是"手握棒一端，看准接棒人，由上向下压，快速送手掌"。

（5）口语化：这是口诀最大特点之一，口语化的特色是朴素、自然、平易近人、感染力强。例如武术的正面踢腿口诀："抬腿轻放腿松，踢起腿来要带风"。蛙泳腿部技术口诀："边收边分慢收腿，两脚外翻对准水，立即向后快蹬夹，并拢伸直自然会”。

在队列练习中的原地转法和踏步走中，由于儿童缺乏方向的概念，经常出现错误，发预令时，教师提示儿童举起同方向的手臂，帮助他们熟记方向，培养他们集中注意力的习惯。发动令时，根据动作要求，教师用“撵”“靠”两字来归纳，一面让儿童呼，一面帮助他们理解和掌握，儿童情绪高涨，一学就会。

踏步走、齐步走的教学比较枯燥，起初教师编了“挺起胸，抬起头，两眼向前看”和“臂摆高，腿抬好，两脚向前边”。看看蛮好，读读也上口，有一定的效果，但节奏较快，不易记住。根据这一情况，教师改用了较慢的节奏，减少字数，成为“挺胸抬头，两臂摆好，两眼前看，两腿抬高”。儿童易记易懂，理解和掌握的效果好。随着儿童兴趣的转移，教师又变成问答式，教师呼一句口诀，学生呼“一、二”口令齐答，不断激发兴趣，进一步调动了他们学习的积极性。

3. 口诀教学在各种教学中的运用

（1）低年级儿童对跑的教学很感兴趣，一遇跑时情绪顿时高涨，难以克制，教师组织讲解不是很理想。运用口诀即能边讲边练，又能集中他们的注意力对照检查动作要求。根据直线跑、快速跑、站立式起跑的要求编写了“一脚在前臂弯曲，弯腿弯腰眼看前，摆腰蹬腿齐用力，又直又快跑得好”。编写时考虑到：第一句中“臂弯曲”针对儿童“打架式”姿势，培养其准确摆臂的习惯。第二句“弯腿弯腰”比上体前倾、微屈腿更容易理解和掌握。第三句“摆臂蹬腿”突出了起跑、途中跑的重点要求，“齐用力”加强跑时协调，突破难点。第四句“又直又快”，形象化、重点化，“跑得好”反映了儿童的意识要求。

前滚翻教学中，教师编了“下蹲撑好手，蹬腿快低头，抱腿要团身，团身像皮球”这四句口诀，其中二、三句突出了滚翻中的重点和难点，以及学会滚翻所应掌握的技术要领和方法。

（2）编写口诀必须加强思想性，注意勇敢、顽强、不怕困难等意志品质的培养，把锻炼身体和培养思想品质统一起来。如直跑屈腿跳高，重点是掌握单踏双跳，难点是用力踏跳和迅速提腿，收腹靠胸，用两句口诀："单踏双跳要用力，快快提腿要靠胸"就能解决了。可是对刚学习跳高的二年级儿童来说有些惧怕心理。为了培养他们勇敢、顽强的品德，增强他们克服困难的信心，教师编了四句口诀："小小横绳我不怕，走跑几步一脚踏，用力踏跳快提腿，两腿并拢越过它。"儿童既能明确方法，又能增加勇气，跳过以后的情绪越发高涨。

（3）口诀教学，加深了儿童对动作概念的理解，使他们能较快、较好地掌握动作的重点，提高了教学效果。由于口诀教学是采用边讲边练的形式，学生容易接受，并能加强儿童的记忆能力。

实践表明，口诀教学的讲解要突出重点、示范动作要细致、有层次、练习形式要多样化。教师通常采用先完整讲解，后突出重点讲解，而且加以重复和背诵，以强化学生的理解和印象。讲解要伴以示范动作，一句口诀一个示范动作。通过一层层的示范动作，使学生从感性认识上升到理性认识。在练习中教师还采取了"学生讲，老师练；老师讲，学生练"的方法，先讲后练，边讲边练，讲中有练，练中有讲，讲练结合，最后达到学对、学会、学好的目的。

（4）口诀能高度概括教材重点，必须反复巩固，不断以口诀的要求来指导，纠正儿童的练习，提高其动作质量。新授课，学生对口诀往往记不全，所以复习课时应反复提示。儿童动作不定型，反复性较大。今天会了，明天错了；练习会做，比赛又忘了。因此，教师在练习、比赛、技评，考核时都以口诀要求，对重点口诀，促使他们反复得背诵并进行练习，提高他们动作的正确性和熟练性。

第4节　游戏教学

夸美纽斯认为：儿童天性好动，血气旺盛。游戏是符合儿童天性的能量的散发；游戏是享受愉快的幸福童年的手段，是儿童生活所不可缺少的伴侣；游戏是儿童培养观念的有力手段，是生活的预备等。他总结出给儿童以活动的自由有三大好处：一是可锻炼身体，增进健康；二是可运用和磨炼思想；三是可练习四肢五官，使之趋于灵活。

体育游戏对于孩子来说是快乐的源泉。体育游戏符合儿童认知和情感的特点，合乎儿童生长发育的规律，是儿童精神寄托、情感表达和能力发展的一种方式。它有歌、有舞，有动、有静，富有竞赛性、生活性、自主性和趣味性，最易满足儿童生理和心理的需要，是最有效、最有意义的活动，也是体育教育最好的方法之一。在教学中，同一个游戏在不同年级也要提出不同的要求。如“十字接力跑”这个游戏就不宜在小学低年级做，因为传接棒和弯道跑技术学生没有学过，做起来困难就很大。再如“推小车”这个游戏趣味性很强，但在低年级也不宜做，因为低年级的小学生臂力支撑能力很差，做起来很不安全。“黄河—长江”这个游戏在小学三年级教材中已经出现，在高年级也可以进行，该游戏虽然有跑，但主要是练习反应能力，在跑的距离上就要对不同年级提出不同要求。在低年级根据儿童爱模仿、有上进心、喜欢表现自己的特点，应选择一些动作简单易学、运动量小、规则简单的游戏，满足他们的运动需要，发展他们的能力，培养他们的优良品质，如“老鹰抓小鸡”“青蛙过河”“过独木桥”等。在高年级可以选择一些难度和运动量较大，技术性较强，规则较复杂和竞争较激烈的游戏，如“障碍接力赛”“拔河比赛”等。要根据学校的场地、器材，以及季节气候变化因素场地大小，器材多少是游戏的必备条件，所以要实事求是考虑游戏教材的安排。气候变化也是做各种不同游戏的一个因素，夏天应做一些运动量小的游戏，冬天应做一些运动量较大的游戏，春秋季节应做一些发展学生速度、灵敏、跳跃、柔韧素质强的游戏。游戏应和其他教材搭配进行，这就要求考虑与其他教材搭配的合理性，不然就起不到游戏在教学中应有的作用。在准备活动中为了活跃上课情绪，或者为了配合主教材，可以编一些游戏性辅助练习。在结束部分中为了达到轻松愉快的目的，也可选择一些活动量不大的轻松快乐的游戏。在基本部分中为了弥补主教材的不足，采用一些与教材相关的游戏和教材紧密配合。为了主教材技术进一步的巩固提高，也可安排与主教材相关的游戏。

1. 体育游戏的组织教学

首先，要重视体育游戏讲解示范作用。游戏教学中教师的讲解与示范正确与否，是游戏成败的关键。讲解主要对学生讲清游戏名称、方法、动作要领、活动路线、交替信号、规则要求。学生在游戏中是否能激发兴趣、积极投入，这是与教师的讲述和示范有着直接的关系。所以，教师在讲解示范中应注意生动和形象、富有情趣和感染力。教师示范要逼真，动作要准确，最好教师讲解示范后引导学生做一次演练，着重看学生掌握的情况，再进行比赛，遵循有练有赛、先练后赛的教学原则。特别在一些对抗竞争的游戏中，教师在游戏规则中要强调必须遵守规则，增强学生遵守纪律观念。

其次，合理分组，当好裁判。由于大多数游戏都带有对抗性的特点，所以游戏分组是教师在教学中一个不可忽略的问题。应该合理分组，以学生的体能强对强、弱对弱进行合理的对抗，这样才能激发学生浓厚的兴趣和竞争的精神。教师要公正地当好裁判，严格掌握游戏规则，使学生在游戏中合理对抗来锻炼身体、促进健康、发挥智慧、加强团结、增强竞争意识。

2. 体育游戏的创编

创编体育游戏应遵循体育游戏的创编原则，体育游戏的创编原则是体育游戏创编过程的客观规律的反映，是人们在创编体育游戏的实践中积累起来的。只有了解和运用好体育游戏的创编原则，才能创编出高质量的体育游戏。在小学体育教学中创编体育游戏时需要注意的几个基本原则如下。

（1）针对性原则。体育游戏应根据小学生的年龄、性别以及实际活动能力等特点来确定相应的运动负荷量、动作难度、活动方式和游戏活动的路线等。如人数较多时，应避免使用和创编费时过多的轮流比赛的游戏；尽量使用创编每人有均等活动、动作较活泼、自然而又富有竞争性的游戏；游戏规则简单、活动方法实用，避免游戏过程中费解、费时的情况。一般来说，小学生适合使用创编动作难度和运动量较小，并富有一定情节和想象力的体育游戏。在小学体育教学中安排游戏的目的是为了更好地完成教学任务，游戏内容必须与教材紧密联系，充分考虑到教学效果。如针对某一项技术动作掌握有困难时，教师应经常安排一种或两种与该技术动作有联系的游戏进行辅助教学。也可把单一的或结合的基本技术动作作为游戏中动作设计的核心部分，这样做不仅是因为技术技能必须复习才能得到巩固和提高，还可以达到巩固提高基本技术或熟悉简单战术的目的，促使学生在游戏中掌握动作技术技能。

（2）科学性原则。创编体育游戏时要考虑小学生的年龄、性别和学生对体育基础知识、基本技术、基本技能的掌握程度以及学生身体素质水平、性格特征等因素。采取由浅入深，由易到难的科学方法进行教学。游戏时要注意观察学生身体状况的变化，掌握适宜的运动量和练习密度教师要做到每个游戏保证全体学生有同等的机会和条件，要让每个学生都积极参与。对于集体项目的游戏应给予学生一定的时间，让学生研究组织，分工和战术动用，鼓励学生创造性的变换游戏的活动形式以利于他们在游戏时更好地发挥体育技能。

由于孩子的世界观还没有形成，思想可塑性较大，这就要求将品德教育贯穿于游戏之中。用特定的角色规范孩子的言行，让他们有责任感及正义感。游戏《老鹰捉小鸡》，设计了群鸡搏斗老鹰的场景，大家通过集体合作，共同打败老鹰。孩子们在游戏中可以学会认识凶残的敌人，认识集体的力量，还可以知道团结互助的好处。如在以往50米跑教学中，学生对50米跑感到枯燥无味。练习中表现出百般无奈，感觉十分疲劳，课堂气氛死气沉沉，采用了“人球比赛”的游戏后，效果就不同了。用球作为学生的比赛对象，学生受到强烈的刺激，容易培养兴趣并能持久。篮球运球教学时，可以用运球追赶比赛，让一个球性较好的学生在前面运球，其他同学运球追赶，追赶上的加小组的得分。这样既满足了他们好动的心理，又满足他们的集体好胜心。同时，也达到了教学的目标。如在快速跑教学中，使用了20米的迎面接力；在篮球“行进间双手胸前传接球”的教学中，为了提高教学效果，教师使用了“迎面行进间传球接力”的体育游戏。体育游戏要结合实际，便于教学体育游戏要结合实际，有些时候，学生的上课的主动性不强，只知道一味地去玩，教师在编排游戏时，应该在注意到班级的特点的同时，还要考虑这一游戏是否结合实际，便于教学。如果要快速跑时，让他们毫无范围地乱跑，发号施令时就非常的困难，甚至教学的效果也就体现不出了。教师要让他们在不乱的情况下充分调动他们，使得他们的积极性高涨，活跃课堂氛围，就可以取得非常好的教学效果。在游戏的具体运用中，教师要根据学生的年龄、性别等特点，选用和创编一些带有舞蹈动作的游戏和以放松为主带有智力竞赛的游戏。还可以利用教学器材进行游戏化动作。如“器材快速归位”“组字”“摆图案”等游戏，既有利于组织，又进行了整理活动，并包含了育人因素，使学生在欢快的气氛中，具有一定的“兴趣保留”结束体育课，以较好的身心状态投入其他课程的学习。

3. 实施体育游戏的方法

体育游戏教学采用的教学法在游戏选择时还会出现这样的问题：现在的学生都是独生子女，很多人在家庭中都是百般呵护，家中的小皇帝，从小就养成了以自我为中心的性格特点，而离开家庭后，则会产生较强的焦虑和不安全感，甚至导致性格的孤僻。有些时候他们的游戏兴趣也不是很高，所以体育游戏教学方法的选择对于教学的开展具有举足轻重的作用，为了充分调动学生的积极性，体育组教师主要采用以下几种方法。

（1）角色任务法。在活动中让他们担任一定的游戏角色，促使他们通过自己的努力，完成集体对自己所承担的角色的期望，而得到同伴的喝彩和教师的表扬，从而得到自我肯定和确认，让他们对该运动产生兴趣，如"运球接力""看谁传得快"等等。从心理学角度来说，经常得到表扬有助于培养个体的自信心使内向的性格变得开朗、豁达。养成善于与人相处的性格特征，对活泼调皮的学生，通过在群体活动中犯规受到的指责来修正他们的行为，自然养成有秩序、守纪律的作风。对他们的出色表现，教师应及时给予表扬，使其重新认识自己的能力。这样通过完成游戏的角色任务来激发学生的学习、活动兴趣，从中可以使学生在活动中得到评价，以此来认识自己和自己与群体的关系，逐渐克服以个人为中心的习惯和离开家庭后的孤独感，形成良好的个性和性格。

（2）逐渐增加难度的新奇游戏法。好奇是学生一个很重要的特点。好奇不仅是学生学习的动力，而且是推动科学进步的原始动力。学生对事物产生了好奇感，常常想亲自体验。这样在不自不觉中就在学习了。所以，教师在上课时，应多采用新异有趣的教学方法，并逐渐增加活动的难度来引导他们保持对活动的兴趣，如"三条腿走路""推车""捕鱼"等。遵从学生好玩的天性，教他们在这些活动中学习参加集体活动的方式，在克服自身和自然障碍过程中使身心得到外来冲击和打击的锻炼，并产生积极情感，通过遵守游戏规则和服从裁判来逐渐了解群体活动的各处规则，学会自己克服困难和解决矛盾的方法。

（3）自由发挥法。学生有着丰富的想象力，特别是小学生的想象力丰富多彩。在体育项目中有些项目比较枯燥。针对这些项目，体育教师可以打破传统的教学方法，让学生自由发挥想象用自己的方法完成体育活动，教师再在其基础上加以引导，对他们的进步取得的成绩加以肯定表扬。使其对自己的能力加以肯定，建立成就感，增强自信心。这就有助于学生对本来枯燥乏味的体育项目产生兴趣。发展学生的想象力，培养学生的创造能力。

（4）集体荣誉法。集体荣誉是一种团体精神，团体精神对团体中的每一分子都有很大的影响力。教师把学生分成若干组，给予一定难度的活动，内容如“舞蹈”“攻守堡垒”等等。对取胜的小组给予表扬，以后又多次分组，打乱学生的组合，使多数学生都有取胜的机会。在为小集体努力的过程中，学生自觉或不自觉地受到集体团结气氛的感染，在同伴的鼓励和影响下，当发现自己的小集体处于不利地位时，在渴望胜利和荣誉的心理中做出努力。在这过程中，学生不自不觉就会对活动产生兴趣。这对培养学生坚强的意志和对环境的适应能力都有积极意义。

少年儿童具有竞争性和冒险性，在运动技能的教学过程中，适时地运用游戏比赛的形式，既活动了身体，强化了技术，又提高了运动技能学习的兴趣，有利于运动技能的形成。如教师在投掷教学中设计了《绝地反击》的主题游戏，让学生在游戏与玩乐中学习投掷技术。一开始，让学生自主练习，尝试体验，引出投掷课题。经常改变游戏活动的各种环境条件和活动方式（如采用竞赛的方法等），提高要求，可以全面地发展少年儿童的速度、力量、灵敏、耐力等身体素质。如传统体育游戏《老鹰捉小鸡》，把各种奔跑、移动、躲闪、急停、转身等活动于一体，发展了学生灵敏、速度、反应、协调等活动能力。游戏化的教学手段也为教师开展心理健康教育提供了良机。例如，在游戏比赛中一些个性较强的学生因不服输而与对方发生争执，甚至“动武”；也有失利组的学生互相埋怨，导致受指责的学生产生怯场心理而退出比赛。这样一来，不仅影响了游戏教学的正常进行，而且还伤了同学之间的和气。这时，就要抓住这一契机，耐心地教导学生认识游戏比赛的意义，正确看待比赛的成败，批评有碍团结的不良倾向。同时，还要与学生一道分析造成失败的原因，找出制胜的有利因素。

设计角色扮演的情境教学中，游戏还使孩子扮演不同角色，既能使他们了解社会生活的基本形式，又能暂时离开自我心中，从而改变看问题的角度。例如遵守交通规则的演习比赛、伤员救护等游戏活动，在锻炼身体的同时也在进行社会适应及生活能力的培养。孩子在游戏中体会到的轮流、共享、交换、等待、互助等交往规则，将迁移到日后的社会性协作中去。学生的寓教于乐特点，符合小学阶段学生身心发展规律，能更好地激发学生兴趣。通过体育游戏的活动，可以提高人的基本活动能力，增强身体素质、促进身心健康，同时还可以增强集体主义观念和团结互助、组织纪律性、勇敢顽强、克服困难等精神，它还可以灵活地运用已获得的知识、技术与技能达到发展智力和体能的目的，最终达到“健康第一”的教育宗旨。

4. 实施体育游戏的要求

一般情况下，小学体育课由开始、准备、基本、结束四个部分组成，在这四个部分都可以运用体育游戏的内容或形式来进行活动，但选择的游戏必须是能很好地为该部分的教学目的和要求服务，为完成全课的教学任务服务。有的在课中，或部分与部分之间，或教材与教材之间，或同一个教材在练习活动过程中，安排一个调节的内容，此时，也可以选择游戏的形式来进行。在基本教材教学达到一定程度时，采用游戏的方法去巩固和提高也是一种极其有效的手段。如快速跑教材在教学过程中学生已达到基本掌握快速跑的基本技术和正确姿态后，为了进一步提高学生速度素质和能力，可以选择一些追逐跑、接力跑等方面的游戏进行练习，一方面提高了学生学习的兴趣，另一方面发展了学生快速跑的能力。

教师应具备改编和创编游戏的能力。体育游戏的种类和内容，虽然相当丰富，但在小学体育教学过程中有时还显得不够充足和富裕，有时由于众多的基本教材的需要，有时由于学生年龄层次和接受能力的差异需要，有时由于某一教材的教学方法和练习步骤的需要，要求教师选择更多的体育来补充，这就需要创编一些新的游戏，或者将一种改变为多种练习法。作为一名小学体育教师应具备这些能力。

教师应具有体育游戏教学时的讲解示范、组织教学的基本功。体育游戏教学时对游戏规则、方法的讲解、示范要求很高。讲解要精炼、确切、重点突出，使小学生能听得懂，能理解游戏的规则、方法和要求。示范时要考虑模拟游戏的逼真性，使学生能看得懂，并要能激励学生参与游戏的积极性。

在体育游戏的组织教学过程中，强调游戏时的合理分组，要考虑到学生的运动量和密度的大小，要考虑到同主教材结合的因素，要考虑到安全因素等等。

执教者要在游戏教学中加强思想品德教育。许多体育游戏都具有良好的思想教育的内涵，作为教师要能有机地、自然地、不失时机地对学生进行教育，善于处理偶发事件，对游戏中发生犯规现象能及时指出并能公正处理等。

（1）适应小学生生理和心理的特点。小学生的骨骼硬度小，韧性大，容易弯曲变形，并且肌肉力量小，耐力差；肺活量小，负氧能力差，容易产生疲劳。如果长时间运动，非但起不到强身健体的作用，反而会给身体的健康造成不良影响。另外，小学生活泼、好动、好胜、注意力容易分散，如果教学中教法单一、墨守成规，学生学起来会感到枯燥乏味，产生厌学的情绪。教师在课堂上应注重发挥学生学习的主体性，培养他们的学习兴趣，根据每次课的主题，适当地贯穿活动性游戏项目来配合教学，让学生轻轻松松地掌握动作要领。教师在上一、二年级体育课时，就抓住低年级学生天真、模仿能力强的特点，在开始部分中应用了“反应练习”“报数整队”等游戏就比较适合学生。在体育课中为了发展学生的身体素质，可以把一些练习内容安排到体育游戏之中。如耐久跑 600 ~ 800 米，投掷沙包或垒球这些教学内容，在第一个班级上这个内容时，同学们上了耐久跑后，再上投沙包内容就无精打采。后来在另一个班上时改变了教学方法，耐久跑改为越野跑，投掷练习换为“投弹打靶”并以游戏竞赛的形式进行，同时，教师对投掷的动作要领进行讲解，结果学生们个个精神十足，不但玩得开心而且也很好地完成了教学目标，收到较好的效果。这样比单纯地练习效果要好得多，最起码学生不感觉单调、乏味，教学中采用游戏比赛的形式进行，能很好地提高学生学习兴趣，促使学生踊跃积极地参与体育锻炼。

（2）增强传授教学内容的实效性。课堂教学中除了一些常用的教学方法向学生传授外，教师在教学实践中还合理地运用了活动性游戏的方法，主要有跑、跳、投掷等。因为学生的形象思维先于抽象思维发展，可以通过活动性游戏寓于有情节的形象化教学来学习跑、跳、投掷等动作。在教学中，教师有意识地结合游戏来培养学生各种人体活动的能力，学习和巩固已学会的技能技巧。以短跑为例，蹲踞式起跑由于技术内容和规则比较复杂，教师示范讲解多，学生实际练习少，再加上场地条件的限制，难以建立正确的动作定型。如果采用游戏竞赛“起跑追拍”，就可以使全体同学都能参加活动，练习次数明显增加，密度也相应加大，教学质量也会有所提高。因此，可以说体育教学内容寓于体育游戏之中。

（3）提升学生的身体素质和心理素质。活动性游戏形式多种多样，组织起来生动活泼，具有竞赛性特点，竞赛本身就要求学生具有一定的身体素质和心理素质，这样才能在竞赛中发挥优势，而这些素质的培养都可以通过游戏来实现。如“单足跳接力赛”，此游戏要求具有一定的下肢力量才能完成任务。在做游戏中下肢力量差的同学可以得到充分锻炼，下肢力量好的同学则在游戏中大显身手，发挥自己的力量。又如“赛龙舟”“织布机”等都能发展学生的身体素质。小学生具有好胜心强的特点，尤其在游戏比赛中还要分胜负、争高低，这就对学生的心理素质有了一定的影响，如果能在长期的磨炼中得到锻炼，将会培养学生良好的心理素质。几年来的实践证明，运用活动性游戏是发展学生的身体素质和心理素质的良好途径。

（4）促进其智力发展。活动性游戏的教学除了能发展学生的体质以外，教师还可以向学生传授一定的基础知识和基本技能。通过活动性游戏来调动学生的求知欲，然后在轻松、愉快的氛围之下，把知识和技能传输给学生，这样才有利于学生的接受和消化。例如在游戏“打龙尾”中，学生在开展游戏之前，必须先学会控制球和传球、接球，当然就会涉及球类的一些知识和技能，学生在轻松愉快的氛围之下，很容易就会学会怎样控制球和传球、接球。此时学生学习的主动性很强，兴趣也很浓烈，学起来当然得心应手。教师应趁热打铁，向学生传授球类知识技能。其实，很多活动性游戏里面都包含着许多方面的常识，只要教师认真挖掘就不难发现并加以运用和掌握。

（5）通过游戏对学生进行思想教育。通过活动性游戏能培养学生团结互助、机智、勇敢、顽强等优良品质，还能培养学生步调一致、听从指挥的良好作风，这些作风的培养都可以在体育游戏中逐步形成。如“一切行动听指挥”“抢运伤员”“救护战友”“攻关”等等，教师通过游戏对学生进行爱国主义和集体主义的教育，结合学生在活动中所产生的具体情况，及时地抓住典型事例加以教育，因势利导，使学生懂得是和非、胜和负、遵守纪律和违反规则等，从而树立正确的基本概念，这样比一味地讲大道理的效果就好多了。久而久之，学生就会在生活中表现出诚实、勇敢，胜不骄、败不馁等品德思想。综上所述，活动性游戏有利于教学任务的完成，有利于培养学生身体的正确姿势，发展学生的身体素质和基本活动能力，增强学生体质，适应于少年儿童的特点，使他们通过游戏受到思想品德教育，扩大知识领域，陶冶性情，寓游戏于教育之中，有益身心的发展，这是很有意义也是很有必要的。

第 9 章 寓教育于体育

在“和谐育人”的宗旨下，创新型课堂在史家小学体育教学中尤为突出：例如在教学方法手段具体实施中，体育老师结合教材内容总结经验，突破旧有的教学方法，依据学生的实际情况，创编出一些简单明了、通俗易懂、朗朗上口的口诀与儿歌，如立定跳远技术动作的儿歌是“两脚分开一脚宽，屈膝摆臂小燕飞，1，2，3，……”，这样一来，一方面有利于学生迅速记住动作要领明白动作要点；另一方面体现在教学以学生为主体，一切为了孩子，遵循小学生年龄阶段的生理心理特点，从而发展学生身体素质。

小学时代既是长身体、长知识的黄金时代，又是道德品质形成的关键时期，学生的可塑性很大。因此，就学校来讲，不断深入、全方位地营造一个良好的育人环境显得十分重要。在学校体育工作中，体育教师不仅承担着体育与健康课程的教学工作，同时还承担着学生课间操、体育竞赛和课余训练等工作，这些课外体育工作更拓宽了对学生进行德育渗透的领域，这就要求体育教师将课内、课外相结合，全面捕捉德育渗透的时机，加强德育渗透。根据实际及时对学生进行恰当地表扬、鼓励与批评，使学生树立正确的行为规范，不断提高学生分析问题、解决问题、辨别是非的能力，逐渐养成自我教育的良好习惯。重视加强与各班主任、德育处等工作人员团结协作，使学生通过学校体育受到连续、科学、全面的教育。对体育教学中德育渗透问题的探讨，目的就是挖掘其特殊、鲜明、持久的教育功能，以提高学生思想觉悟，激励学生积极科学地参加各项体育锻炼，使他们从思想上热爱体育，逐步形成终身体育意识；从行动上积极主动参加体育锻炼，关心集体，团结互助，遵守纪律；从精神上培养学生勇敢顽强、不怕苦、不怕累，克服困难，努力拼搏的坚强毅力。

体育中的美育主要是引导学生具有协调发达的身体，匀称的体态，有力、娴熟、敏捷、优美的动作，以及开朗的胸襟、坚强的性格和高尚的情操。体育教学中的审美教育，主要是通过生动、鲜明、具体的形象来引起学生感情的共鸣，它不是单纯说理，而主要是凭借优美的形象来打动人，以美感人，以情引人。如在队列练习中渗透礼仪教育，注意培养学生正确的坐、立、行、走、跑等身体姿势，要求学生做到站立挺直、坐姿端正、行走轻盈，要展现出良好的身体姿态和精神风貌。因此，体育教师在教学中应强调形象美、姿态美、艺术美、韵律美和心灵美等，努力培养学生的审美能力。学生审美能力的提高，有助于提高其对周围事物的鉴别能力和对真、善、美的追求。

第1节　德育渗透

小学时代是学生发展身体，增长知识的关键时期，也是培养良好道德品质的关键时期，在学校的教育中把学生的思想品德教育放在首要位置是非常重要的。

在学校体育中，体育也是培养德、智、体、美全面发展的社会主义建设人才的一个重要方面，也是执行党的教育方针的重要组成部分。体育教学大纲明确规定“体育教师要结合体育教学特点，教育学生热爱党，热爱社会主义祖国，不断提高自觉性，养成锻炼身体的习惯。培养他们服从组织，遵守纪律，热爱集体，朝气蓬勃，勇敢顽强，艰苦奋斗的革命精神”。所以，体育教学任务之一就是对学生进行德育教育。体育教学与其他学科相比，更容易反映学生的身体素质和思想素质，而这些问题往往只有在体育教学中才能加以克服。从这点来说，体育教学为我们提供了进行德育教育极为有利的条件。例如在遇到学生怕苦、怕累、不勇敢的时候，可以通过一些英雄事迹如红军长征、解放军抗洪救灾、运动员不怕苦不怕累最终取的荣誉等等来激发学生的斗志、陶冶他们的情操。

在学校体育工作中，体育教师不仅承担着体育与健康课程的教学工作，同时还承担着学生早操、课间操、课名体育竞赛和课余训练等工作，这些课外体育工作更拓宽了对学生进行德育渗透的领域，这就要求体育教师将课内、课外相结合，全面捕捉德育渗透的时机，加强德育渗透。根据实际情况及时对学生进行恰当地表扬、鼓励与批评，使学生树立正确的行为规范，不断提高学生分析问题、解决问题、辨别是非的能力，逐渐养成自我教育的良好习惯。重视加强与各班主任、德育处等工作人员的团结协作，使学生通过学校体育受到连续、科学、全面的教育。

1. 史家小学的体育教师抓住各种时机向学生进行德育渗透

史家小学的教师利用一切有利时机对学生进行思想品德教育，努力培养思想道德高尚，身心健康的未来建设者。不仅是学校体育改革的需要，也是体育教育观念更新的需要。在重视德育教育的同时，更要重视德育教育的效果。德育教育必须同体育教学的特点、内容和形式紧密结合起来，防止只写在计划与教案中，或进行空洞的说教。要把德育教育内容中的抽象概念具体化，使之成为看得见、摸得着、能测量、能评价，具有可操作性的实际内容，建立合理的、客观的、科学的德育教育评价体系，使学校体育在德育教育方面发挥更大的作用。

（1）通过教师言行对学生进行德育。教师在课堂教学中作为实施教育的主体起着主导的作用，教师的思想行为、作风和品德无时不在感染、熏陶和影响学生。因此，在教学中，应坚持以身作则、言传身教，处处作学生的表率。如要求学生上课不迟到，教师就应提前到运动场，做好课前准备工作。实践证明，教师严于律己，为人师表，才能施教于人，做好学生的思想教育工作。

教学中潜移默化地对学生进行思想品德教育教师本身就是教学内容的体现者和表现者，教师的表率示范是以自己的模范行为来影响学生的，它对学生具有很大的感染力和说服力，对学生的个性品质的形成也有着重要的影响。体育教师与学生接触较近较多，他的一举一动对学生都有着示范和榜样的作用，作为一名体育教师不仅要具备良好的专业素质，还要具备高尚的人格素质。所以，体育教师的仪表言行都应考虑到它可能的模范性和感召力，凡要求学生做到的自己首先做到，然后才能要求学生，要充分利用自己的性格和人格表率，使学生从中领悟和产生道德效仿。例如,《前滚翻》教学属于体操技术比较难的动作，共内容本身就有很强的思想教育意义，它能培养学生勇敢、拼搏和不怕困难的精神，但很多学生练习时胆怯，不敢去尝试，教学也比较困难，遇到这种情况，教师先向学生讲述中国体操的概况和取得的辉煌成绩，再亲自向学生展示完整的示范动作，让学生精神大振，为学生增强了信心和兴趣，最后再给予鼓励和安全的保护，激发了学生想大胆尝试练习的愿望，最终，不仅使学生掌握了动作技术，还培养了学生勇敢拼搏的精神，同时展示了体育老师的魅力，树立了体育教师在学生心目中的威望。

教师上课就必然要在学生面前亮相，学生能从教师形象中体察到教师的气质，对事业的热情和信心，从而决定向你学习的程度。作为一名体育教师既要有一般教师庄重严肃的风度，又要充分体现其职业的特点——健康而朝气。通过教师的仪表来感染学生，并增强学生对仪表美及其重要作用的正确认识。教师用语要文明、简练，应具有较强的逻辑性。幽默是可取的，但切忌低级庸俗。教师通过自己的语言来影响和感染学生，使学生养成文明用语良好习惯。

体育教学中教师之间的配合显得十分重要，不仅要共同研究教学工作，而且要经常在一个“大课堂”里一起上课。教师之间的关系往往会使学生联想到人与人之间的关系上来，所以教师之间必须互相尊重、密切配合、互相帮助，使学生从体育教师这个团结战斗的集体中学到助人为乐、团结协作的优良品质。教师尊重学生、关心学生既是教师高尚品德的表现，又是一种教育手段，在塑造学生的灵魂中是一种巨大的力量。特别是对那些能力较差、组织纪律较差以及不重视体育学科学习的学生要耐心帮助，决不能用讽刺的语言刺激他们，更不能侮辱谩骂学生。在教学中应创造机会给技术水平较差的同学锻炼。例如，在体操练习的最后讲评时，除找出较好的同学示范小结外，还可以请虽然完成动作较差，但在某一环节有所进步的同学，再做一两次练习，肯定他们的进步，并要求大家热情鼓励，这样有利于增强他们完成动作的信心和感到集体的温暖。对体育骨干和运动能力较强的学生则从严要求，绝不能袒护他们的缺点。教师关心并严格要求学生对学生来说虽说是外部条件，但能促使学生内心产生积极的情绪，从而转化成为学生接受教育的内部动力，培养学生对人、对事的正确观念。

（2）教师在组织教学中对学生进行品德教育。合理地选择和运用组织教法，不仅是传授知识、技术、技能，发展学生体力与智力的需要，对学生进行思想品德教育也十分重要。教师要善于把学生的心理活动与身体活动、意识和行为结合起来，利用课的组织教法中的各个环节对学生进行教育。如通过队列队形的练习，培养学生动作迅速整齐，严格遵守纪律的良好习惯；通过组织学生保养场地、送还器材，让学生养成热爱劳动和爱护公物的品德；通过发挥体育积极分子骨干作用，培养学生相互协作和独立工作能力；通过有条不紊的练习次序和练习对形的安排，让学生懂得健康第一、安全至上的重要性；通过向先进学习、树正面典型的活动，启发和调动学生的学习积极性；通过课堂最后小结，表扬好人好事，激励学生奋发向上的拼搏精神。

①建立切实可行的课堂常规。体育课堂常规，是为了保证教学工作的正常进行，对师生提出的一系列基本要求，是学校体育的重要组成部分。严格的课堂常规应体现在三个方面，即严格的课堂纪律、严格的考勤制度和严格的考核制度。通过认真实施使学生接受严格的要求与训练，不断规范自己的言行，以保证教学的顺利进行，培养学生听从指挥、遵守纪律、服从组织的良好习惯。

利用体育课堂常规进行德育培养，课堂常规是体育教学过程中学生必须遵守的规范，是课堂教学的法规之一，是进行正常体育课堂教学的一系列要求与措施。它对保证教学工作的顺利进行，使学生更好地掌握体育知识、技术、技能、发展与增强体质，防止伤害事故的发生，以及培养学生的好思想、好作风和完成体育教学的任务都具有重要意义。通过课堂常规的贯彻落实，严格考勤、考核制度，加强组织纪律性，可使学生养成听从指挥，服从领导的良好习惯。例如着装的要求，上课集队的要求、练习转换的信号、手势等。通过课堂常规的教育，能够严明纪律、严格要求，达到爱生尊师、安全锻炼，一切行动听指挥和增强集体荣誉感等目的。所以每个体育教师都应把贯彻落实课堂常规作为向学生进行思想品德教育的重要途径认真搞好。培养学生吃苦耐劳的高尚情操，养成严谨治学的风气。

②做好课前备课。认真备课是上好课的重要前提，课前不做好充分的准备，课上必然是杂乱无章，学生没有兴趣，教学效果必然差。其中，课前场

地的布置要井井有条，做到既美观又便于组织教学。这样有利于培养学生有条不紊的工作方法和良好的学习习惯。

③利用布置场地、器材和使用、送还器材契机进行教育。这是体育教学过程中的一项重要内容，从新生入学、新学期临时代课，都应有计划地指导学生做好这项工作，使每个学生都有机会从中受到良好的劳动教育。要向学生讲清楚学校各种场地、器材的使用方法、要求及进行课外体育活动时要求学生看明白有关场地、器材的标志牌上注明的使用方法和注意事项。可通过校内、外具体事例重点对学生进行安全教育及爱护公共财物的教育。

④分组及不分组轮换和分组教学。在分组及不分组轮换调队时，要提倡让兄弟班、组先行通过，切忌抢行或互相穿插，对本班调队中互相谦让的组长及时给予表扬，培养学生互相尊重、讲礼貌的文明行为。在分组教学时，特别是分组轮换教学时，要培养体育骨干的组织能力；提倡认真观摩、学习别人长处，热情帮助、保护同伴改进技术的好作风。这样既有利于提高练习质量，又有利于培养学生自觉遵守纪律、团结协作、互相帮助的优良品德。

⑤利用突发事件及时对学生进行思想品德教育。体育教学中由于学生处于动态中，活动空间大，影响因素多，在课堂常出现事先难以预料的突发事件，通过这样的事，教师要对学生进行练习中自我保护和小伤害处理方法的教育。教师首先教学生出现肌肉损伤或关节韧带损伤，千万不要去按摩，伤后应立即冷敷，加压包扎，抬高伤肢休息，24小时后方可按摩。有时，学生间会出现口角甚至打斗行为，教师应该借此事情进行正反两方面的教育："同学们这种团结奋进，以集体荣誉为主的精神是可贵的，也是现代青少年所缺少的。俗话说，团结就是力量，团结能够战胜一切，但你们这种团结的方式方法是不妥的，战胜别人靠的是实力，靠的是勇气，靠的是大家不服输的精神。"突发事件有时给我们带来了很大的麻烦，但它也是一个很好的教育题材，更是给我们体育教师一次处理能力锻炼的机会。总之，思想品德教育工

作是一项十分细致复杂的工作，要通过有计划、有组织的身体练习来实现。要与体育教学活动有机结合起来，寓思想品德教育于教学活动中，贯穿于教学全过程，利用教学中鲜明的动态性与群体性，有的放矢，重在“感化”。同时，教师要端正思想品德教育的态度，从小到大，从点到面，切实灌输思想品德目标，从而，把思想品德教育搞得有声有色，使我们的学生在获得健康身体的同时，获得健康的心理。

学生活动空间大，对外界的干扰容易表现出各种不同的情绪和行为。同时，由于学生在进行身体练习和竞赛、游戏等活动时，学生之间的联系、协作对抗也较多，不可避免的有个人与个人、个人与集体、集体与集体之间的关系问题的发生，因此，教学过程中，偶发事件时有发生。教师应及时、充分地利用偶发事件，对学生进行教育，如在篮球比赛中，有个别学生摔倒后，立即起来继续参加比赛的生动事例，及时给学生以恰当的鼓励与表扬，这对培养学生勇敢顽强、拼搏进取，为集体争光的精神是很有作用的。又如上课时学生之间发生冲突、天空突然下雨、学生中有助人为乐、爱护公物之举等。偶发事件往往具有短暂性、突发性、外观性和差异性等特点，这就要求教师做教育的有心人，随时注意观察学生的一切行动和表现，及时抓住课中的偶发事件，因势利导，态度鲜明而又迅速地进行处理。在教育学生时，以正面教育为主，语言要严肃诚恳，以理服人，切忌简单粗暴，讽刺挖苦。但是面对偶发的不良事件则要指出要害，给予适当的批评，这样能提高学生对是非的判别能力。

（3）结合体育教材特点适时进行爱国主义、集体主义教育。教师要善于挖掘体育中的思想品德教育题材，许多体育教材本身就具有鲜明的教育意义。如队列队形练习可以培养学生严谨的组织性和纪律性，耐力跑和各种掷物等力量性的身体素质的训练可以锻炼学生吃苦耐劳、不畏艰辛的意志，各种跳跃练习可以培养学生勇敢、顽强、超越自我的拼搏精神；各种游戏、篮球和竞赛可以提高学生的团结友爱、互帮互助的集体主义精神，所以，只要教师有意识地挖掘体育中的思想品德教育题材，结合教师教学的经验，就可以达到既锻炼身体又育人的目的。如五年级800米跑教学中，事先教师就考虑到学生一怕累，二怕跑不下来，但要完成教学任务，教师将转变教学方法，课前上网查阅资料，通过讲述冠军背后的故事——一些黑人运动员训练条件非常恶劣，但是他们不怕苦，不怕累，顽强的完成训练与比赛，取得冠军。同学们只要我们不怕吃苦，有战胜困难，战胜自我的精神，就能跑完这800米的路程。最终学生们个个鼓足勇气，跑完这800米。

运用具体的教材内容和特点展开德育体育教学的内容很广泛，寓有明显的积极因素，不同的教材有不同特点。教师要善于挖掘其深刻的内涵，对学生进行思想教育，制定出不同的德育渗透计划、任务。例如接力跑、拔河可培养学生的集体主义精神；田径、体操、球类等教材，都能培养学生勇敢、顽强、刻苦、机智、灵活、果断等良好品质，又可增进学生互相关心、互相帮助、团结友爱的美德；中长跑练习中的“极点”现象，是对学生进行意志品质教育的最好时机；韵律操则有利于培养学生的文明行为、陶冶美的情操和提高审美能力。但由于各教材的形式不同，在培养学生的品德方面又各有侧重点。如基本体操的教学通过全体学生配合，协调一致，可培养学生高度的组织纪律性和集体主义精神。各类跑、跳、投的教学可以培养学生勇敢顽强、敢于拼搏的精神。各种集体竞争的游戏和比赛的教学可以培养学生团结协作、共同奋斗的集体主义精神，增强集体荣誉感。体育基础知识教学更能对学生进行各方面的思想品德教育，如在各种跳绳、踢毽、武术、滚铁环、踩高跷等内容的教学中，运用这些教学内容本身所具有的独特的民族民间风格，对学生进行宣传教育，使学生了解中华民族的勤劳、勇敢和我国传统民族文化的博大精深、源远流长，从而产生了爱国之情。因此，体育教师在体育教学中，应当深入钻研教材，充分发掘教材的思想性，结合学生特点确定德育渗透的具体任务，制定相应措施，以确保德育渗透任务的完成。

比如，耐久跑教学是培养学生顽强意志品质的良好时机。现在的学生独生子女多，生活条件比较优越，多数学生缺乏艰苦的锻炼，怕长跑、怕吃苦的比较多。教师要认真进行思想教育，深入了解情况，从严要求，有意识培养他们吃苦的精神，不给怕苦者留有余地，让他们在实践中得到锻炼。例如，在实际练习中分析不能跑完全程的原因，有的是身体偶然不适；有的是体力分配不合理，前半程太快；有的是怕苦怕累，稍有疲劳就不能坚持。教师根据学生的不同情况及平时对他们的了解，在处理上应有所区别。对平时一贯认真刻苦而偶然不适的同学无需批评；对体力分配不合理的，应告诉他们失败的原因和如何分配体力；而对怕苦怕累者除进一步讲清道理外，应让其补跑一次，使其能认识到自己意志薄弱的毛病。

在跳跃、障碍跑或支撑跳跃等项目的教学中，要注意培养学生勇敢果断、不怕困难、不怕失败的精神。在实践中实例很多，例如，在支撑跳跃教学中，从一些同学的身体素质、技术来看完成动作是没有问题的，而他们就是不敢过器械。在跳高练习中，过较低杆时技术动作很好，但横杆一升高动作就变形了。这是因为精神因素起了作用。所以我们通过这些项目的教学要有意识地培养学生的心理素质及勇敢果断的意志品质。

在篮球项目的教学中，结合其集体性和竞争性的特点，可以培养学生群体意识，应变能力，团结合作，充分发挥集体力量，让学生感受到篮球比赛的胜负是靠集体力量和相互之间的密切配合，培养学生的集体主义精神。教育学生正确对待同伴的失误，正确对待对方的犯规，决不允许施以报复的手段；要正确对待裁判的漏判、误判，要站在公正的立场上对待裁判对双方的判罚。

（4）创设游戏教学情境渗透德育游戏在小学体育教学占有重要的地位。多数游戏都有一定的目的性和思想性，有情节，又有对抗和竞争，符合儿童的生理、心理特点，是学生最喜爱的一项综合性的体育活动。因此，教师在进行游戏教学时，要注意以下问题。

①要注意发展学生的体力和智力，要重视发挥教材的思想教育作用，培养他们机智、勇敢、团结、负责、遵守纪律、活泼乐观、进取、创新等优良品质。

②教师对游戏的选择要准，渗透要实，方法要多，可采用“故事法”“演练法”等，创作出一定情境，给学生身临其境之感。如在游戏练习中，将“障碍接力”改名为“小八路送情报”这一情景游戏，将游戏内容故事化。将游戏过程的各个障碍改为绕过“敌人的哨岗”跳过、“小河”爬过、“山坡”、最后奔跑到“目的地”等，使学生在练习中置身于故事情景之中，身临其境的练习使他们兴致高涨，乐趣无穷，既学参与了练习，又培养了克服困难的精神，也进行了一次生动的爱国主义教育。

③在各种游戏的教学和练习中，要求学生遵守游戏的规则，尊重裁判的判决。强调比赛的真实性和公平竞争，能体现“友谊第一、比赛第二”的良好赛风。由于集体竞赛活动，且富对抗性的特点，着重对学生进行团结、配合用集体的知识与力量去争取胜利的集体主义教育；并利用竞争的特点，进行竞争意识、尊重对方、尊重裁判、相互学习的体育道德风尚的教育。

2. 通过体育教学积极渗透心理健康教育

心理健康是青少年走向未来的重要条件，体育活动对于促进人的心理健康发展具有积极的影响。在体育教学中应努力寻找教学契机，创造教学环境，积极渗透心理健康教育，学生生活培养成为具有良好的社会适应能力和健全发展的人。在体育教学更应对青少年进行健康心理教育，对于他们成长有着积极的作用。通过多年的探索，通过体育教学在培养学生健康体魄的同时也可以有效的培养他们的心理素质。

（1）培养学生心理素质的必要性。心理素质是指人的心理机能的发展水平，心理状态健康和病态的程度。如果一个人有良好的心情，有宽阔的心胸，经得起生活的风吹浪打，在人生的道路上不屈不挠地前进，我们就说他的心理素质好。如果一个人悲观抑郁、心胸狭隘、自卑怯懦、缺乏适应社会和创造生活的能力，我们就说他的心理素质差。体育教学同语文、数学教学一样，也有学习困难生，这些学生大都是本身身体素质较差、学习态度不够端正、练习效果不符合教师的要求或者没有达到预定的练习效果，我们称他为"体育后进生"，这就会造成学生的自卑心理。有自卑心理的学生，往往对批评过于敏感。在学习过程中，由于对自我认识不足，不相信自己能学习、掌握某项技术，因此在学习中不能充分发挥自己的能力，表现出自己应有的水平。只要听到别人的评价带有批评的含义，就丧失了练习的信心，不愿继续练习。若此时对这些学生进行勇敢、顽强、刻苦、机智、灵活、果断等品质的培养是毫无收获的。但他们仍希望得到老师和同学的赞扬，学生的自卑心理并不是不可改变的，只不过是在体育活动中暂时失去平衡的一种心理状态，恢复了心理平衡，自卑心理就可以克服和消除。教师要采取措施帮助学生恢复心理平衡，要及时抓住闪光点进行激励、给予表扬，使学生产生满足感，提高他们克服困难的决心和勇气。改变他们的消极心理，多将自己的现在与过去相比，看到自己的成功和进步，这样就会增强学生学习的兴趣和信心，使学生的内在潜能得到充分发挥。由于表扬是一种良好的"强心刺激"，在教学中多用表扬，它有利于学生克服困难，养成良好的心理素质，激发学生的上进心。把学生紧张的心理状态转化为内在动力，导致他的行为向着某个方向、目标前进。当教师对学生有信心和好感时，学生受到表扬和激励后产生的进步是不可估量的。因此，心理素质培养更是德育的良好途径。

①通过体育教学，培养学生自我素质提高和能力发展。体育教学以身体活动为主要形式，而身体活动并不仅仅是生理上的作用，它还伴随着知识的信息、心理的活动、情感的体验等一系列因素的同时出现。因此，我们在体育教学中，可以根据学生直接参与、身体力行这一实施强的特点，刻意安排

艰苦的环境，培养学生吃苦耐劳、坚忍不拔的意志品质(如中长跑、球类等)；营造紧张的气氛，培养学生沉着冷静、机智果断、结构健全的个性心理(如各种比赛)；可以创造轻松和谐的氛围，伴以优美动听的旋律，让学生通过充分展示外形的动作来表达内在的情感(如艺术操、韵律操等)；从而发展个性、陶冶情操，培养良好的气质，提高审美意识，使学生形成健康的人格品质，还可以通过体育实践体验后的“成功感”和“收益感”，养成良好的锻炼习惯和保健素养，形成科学用脑，讲究规律的现代生活模式。体育运动与心理训练的巧妙结合，不仅有利于诱发和促进学生想象力和创造的灵感，而且有利于学生智力的发展和心理活动的改善。要注意集体心理健康教育，也要根据学生的个体差异进行个别指导，对个别存在心理问题或出现心理障碍的学生要个别及时进行认真、耐心、科学的心理辅导，帮助学生解除心理障碍。学生在活动中的体验和感受深刻，有助于培养学生的心理品质，使教学活动由课内向课外自然延伸；由硬性统一向自主选择转变。学生尽可以根据自己的兴趣爱好和实际能力，选择活动内容和形式甚至在玩的过程中完成某种“练习”，使大量无效流逝的间隙时间就得充实有意义，使玩所涉及的人、物、事就成促进自我素质提高和能力发展的活教材，把自己置身于社会大课堂中接受锤炼，使身心健康成长在课外活动时间，比如：让那些个子较矮和体胖的学生或体育素质较差的学生先练习下节课所要上内容，给他们提供练习的器械和场地，在课中就让这些学生出来做示范，如在沙包掷远教学中，让臂力强的胖孩子来示范，在技艺课练习中，让那些个子较小但技术动作掌握较好的同学做，从而激发学生的学习兴趣。

②通过体育教学，培养学生自我控制能力和心理调节能力。体育教学中，学生的思想、能力、意志、情绪、态度等特征暴露特别快。比如跳高，面对一个新的高度，支撑跳跃面对一个新的难度动作，能否超越，一目了然。但是由此引发的一系列心理特征也显露无遗。成功者的喜悦与得意溢于言表，

失败者的气馁与沮丧，急躁与冲动、紧张与焦虑、胆怯与自卑等表现各不相同。作为教育者，应迅速抓住学生心理活动充分暴露的有利时机，因势利导，引导学生正确地看待成功与失败、顺利与挫折、长处与短处，激励他们勇于战胜困难，克服不健康的心理障碍，提高自尊心和自信心；培养学生良好的意识、认识、情绪、行为及性格的自我控制能力和心理调节能力，保持稳定的情绪、乐观的心境，这样，即使在逆境中也能成才，要以面向全体学生为主，个别辅导为辅，让心理健康教育真正进入课堂，在体育课堂教学中要有别于其他学科的教学方式，主要突出活动，但又不是纯粹的活动，而是通过活动让学生获得心理体验来改变自己的观念。体育教学中许多竞争性比赛或游戏，肯定会产生“失败”的一方。这让学生在一定时间内会产生精神和心理上的压抑，应注意消除他们的心理疲劳和心理障碍。教师可用简短、幽默的语言或小故事去启发他们，用真诚的目光去激励他们，使他们相信自己有能力去获得成功。

③通过体育教学，培养学生文明的行为规范和高尚的道德修养。体育教学具有形态化的特征，学生以个体或群体的形式参与各种身体活动。在活动中通过互相接触、切磋、合作、对抗等等，使个体与个体之间、个体与集体之间，人际关系的交流更直接、更广泛，形成了一个特定的课堂社会，在某种程度上满足了学生进入启蒙社会的心理需要。作为教育者要充分利用这模拟社会环境，引导学生正确地认识自我，正确地交友，正确地处理个人与集体的关系，增强其社会的适应能力，从而培养文明的行为规范和高尚的道德修养。人与人之间要注意团结友爱，关心与支持、鼓励与帮助、尊重与信任、理解与体谅。个人作为集体中的一员，要有高度的责任心和荣誉感，能热爱祖国、关心集体，和大家协同配合，增强凝聚力。在对学校、班级、老师、同学充分体现爱心的同时，也自然会得到社会给予的信任与友谊等相应的回报，要注意集体心理健康教育，也要根据学生的个体差异进行个别指导。对

个别存在心理问题或出现心理障碍的学生要个别及时进行认真、耐心、科学的心理辅导，帮助学生解除心理障碍。

④通过体育教学培养学生坦然面对现实、勇于正视不足的精神。教学中需要教师帮助学生正视缺点，通过学生自己的努力改正缺点，完善人格。不少学生的自卑心理来自教师对学生的主观评价，个别教师凭主观感情，偏爱成绩好的尖子生，对中等生不管不问，对学困生全盘否定。这无疑给学生带来了极大的思想和心理压力，使学生产生自卑心理，严重影响了学生的身心健康。老师在在上课时要求学生不要跟别人比，重要的是超越自己，勇敢承认比自己强的同学，也不要产生嫉妒的心理，只有经常进行这种培养训练学生就可以正确分析自己，坦然面对现实。实现师生之间、生生之间的互动。这种心对心的交流所构成的互动，可以增进学生自信、自尊的体验，从而达到自助的目标。如在进行短跑测试时，对个子较矮或体形较胖以及确实因身体素质差导致跑不快的学生，明确指出他们的技术并不比别人差，而是素质和先天条件造成的。促进学生正确面对面客观条件、充分正视不足，同时给这些学生制定不同的要求，只要达到这些标准就合格。利用其他优势项目弥补本项的差距。有些学生往往自高自大，缺乏分析客观事物的能力。在课堂上学习不专心，注意力不集中，有错不会改。教师应适时给予挫折教育，加以启发、引导。

（2）培养学生心理素质的方法。对学生进行良好的意志情感培养是不容忽视的。现代心理学认为，让学生更多地在活动中尝试成功与失败，可使学生的意志品质得以强化，会使他们更加努力，向强大的苦难挑战。不仅可以培养学生坚忍不拔、勇于接受挑战、吃苦耐劳的精神，还能培养学生勇敢、果断、自信和克服困难的优良品质。让他们自己去反复尝试成功与失败的滋味，以面对将来更多更新的挑战。体育情感教学还方便了创设良好的课堂情景，有利于结合教学内容进行各种游戏比赛，使学生的不良情绪得到转移。

并通过向学生进行情感教育，激发了他们刻苦、顽强的学习精神，并使学会对体育课与体育活动越来越有了积极的情感动力，并保护着浓厚的兴趣，对体育课基本技术、知识、技能的掌握有了很大的提高，教学效果越来越好。

①在教学中确定情感目标。过去人们对体育教学这方面的认识比较狭隘，以为学校体育就是打球、做操、玩儿。因此在学生中普遍存在这样的现象，如：喜欢上户外课不喜欢上体育理论课，在体育活动中又表现为怕吃苦、喜欢轻松的活动，不喜欢800米此类的耐力项目等等。其实，这些问题很大程度上与体育教师在教学中忽视了情感因素有关，过去人们在分析体育教学时总倾向于把注意力集中于教学的认知系统，而往往忽视情感系统。因此，我们要在教学时间中依据实际情况确定具体的情感目标。在小学体育教学中，教师要让学生受到情的感染、爱的激励，美的享受，让他们在玩中学，在学中玩，在兴奋中发扬成绩，在微笑中认识不足，在激励与期待中增强信心，不断焕发前进的力量。

②教师自身的情感培养。教师的一言一行对学生的思想品德教育产生决定性的影响，要想正学生，首先正自身。教师要以身作则，做好表率，要有高度的事业心和责任感，不断提高思想觉悟、道德品质和道德养，树立良好的教师职业道德，要以良好的行为习惯来感染学生。在教学中，教师要主动接近学生，善于聆听学生的心声，多表扬少批评，激发学生的运动兴趣，给学生养成一个良好的行为习惯。课堂教学既有知识的交流更有情感的交流，教学的全过程就是在知识与情感两条信息线路上相互作用、相互制约下完成的。在体育教学中，教师要学会运用恰当的情感，注重情感修养。加强教师情感的培养，更有助于教学中师生情感的交流。爱学生是教师从事教学活动的起点和基础。教师对学生的挚爱和期待，会对学生产生巨大的感染力和推动力，激发他们刻苦、顽强学习的精神。小学生的情感分辨率不高，比较抽象的情感道理他们不易接受。这就需要教师对小学生的爱要广、细、真诚、

直接。教师把自己对学生热爱的感情，准确地、及时地传递给他们，他们就会将老师对自己的积极评价不断内化，从而提高自尊心和自信心，产生内驱力，极力自己努力学习。鼓励学生将自己对体育课的情感及生活中的喜怒哀乐与体育老师进行交流。对学生的想法和体会，老师要及时进行表扬，鼓励其他学生也积极发表自己的体会与建议。在生活中教师也会遇到各种不顺心的事，情绪有时会不稳定，这种不稳定的情绪一旦带入课堂，会或多或少地影响课堂教学效果。所以课前教师一定要先检查自己的情绪，发现情绪不良时，一定要理智地进行克制，及时调整情绪，在学生面前做到和蔼可亲。体育教学中教师着装应该整齐大方、清洁朴素，仪表、动作要落落大方，精神抖擞，举手投足让小学生感到亲切而不失威严。此外，教师在讲解时，除了动作要领外，还可介绍所学动作对健身、健美的作用，这有利于培养各种心理素质（如勇敢、果断、不怕困难等）的作用以及动作的审美价值。讲解要用准确、优美、生动的语言，语调要亲切、动听，注意抑扬顿挫和节奏。实践证明，体育教学的氛围是影响教学效果的一个重要因素，而轻松愉快的氛围则是创造最佳教学效果的前提。恰当的运用幽默艺术能使教学氛围更活泼、轻松、和谐。

③培养小学生爱好体育运动的情感。传授知识、运动技术和培养情感是教学过程中紧密联系的三个方面。在小学体育教学中，应当让学生在教学和游戏过程中接受情感教育；做到教学内容的科学性与思想性相统一。为此，教师必须充分挖掘教材和游戏中的情感教育因素，在制定教学目标的同时制定出切实可行的情感教育目标，并在教学过程中，努力寻找知识与情感的结合点。让学生从中体会到体育锻炼的重要性必要性，从而激发学生学习体育的兴趣和对体育课的情感，培养学生严肃认真，尊重事实的态度和为赢得荣誉而刻苦锻炼的决心。

④营造师生关系融洽、课堂气氛和谐的教学环境。师生关系融洽、课

堂气氛和谐，学生的学习兴趣便油然而生。在小学体育教学实践中发现，爱玩是小学生的天性。但是，教材搭配不当、教师备课不认真、没有引起学生兴趣的游戏和充分的活动空间等是影响学生学习体育积极性的主要因素。这些因素能造成学生情绪低落，而情绪低落往往导致伤害事故发生。教师要积极引导和鼓励，使学生集中精神，仔细揣摩动作要领，鼓起勇气和信心去完成所学动作。同时，教师要学会和学生融为一体，和他们一起做游戏。在玩中学，在玩中练，使学生在愉悦的学习氛围中学习，在和谐的教学环境中锻炼，把体育课上活，学生才会喜欢体育课。

⑤教师与学生进行有效沟通。体育教学因为体育课的学习环境是开放式的，所以体育教师在体育课教学中，总会遇到小学生不停地讲话，做小动作，随意插嘴，不按照教师的要求参加练习，对他们已经够严厉了，可是他们还是我行我素，所以体育老师不得不在遇到类似情况时先压他们一下，可是时间不长他们又恢复到我行我素的状态，遇到这种情况真的很累！这样的经历对于小学体育教师而言是经常遇到的，这是体育教学中的管理问题，也是最困扰体育教师、常被体育体育教师提及的问题。即使经验丰富的教师也不时会因为学生难以管教而感到气愤，有时教师更因为管理失当引起学生家长抗议，而遭到投诉，究其原因还是课堂上教师和学生缺少和谐的沟通，下面就是有经验的教师在教学实践中总结出的几点做法。

第一，理性表述与评价教师的讲话方式会影响学生的自尊心与自信心。教师理性的语言表述、感性的表达往往会激发学生的学习热情，激发自尊心和自信心的增强。但是，在实际的教学过程中体育教师由于个性的特点，往往会表达出一些不理性的语言表述，比如责备、要求、说教、贬低和恐吓等，而教师的这些语言表述会使学生不信任自己的能力。否定自己的情感与内心事实，甚至怀疑自己的价值等。教师理性的语言与情感的表述是针对情况非学生人品的用语。当学生发生错误时，体育教师应针对情景，描述与学生行为有关的事情，而不要评价学生的人格和人品。

第二，善于与学生合作。在体育教学中要充分考虑学生的个体需要、个体情感、个体期望，在教学过程中应该认同学生的需要、情感和期望，提供给学生自治的机会、体验独立的机会。体育教师要求学生合作不是一味地要求学生服从。

第三，接受与承认学生的感受。学生对周围的情景以及对自我的感受，这种感受对于小学生而言是纯真的，同时也是一种具有不稳定性的情感体验。当面对一件同样的事件学生的自我感受与教师告诉他们面对这样的事件应该有什么样的感受时，学生会感到困惑和情感上的错乱。因此教师在遇到此类事件时，重要的是帮助学生辨别自己的情感，教师不应该将自己的意见强制地灌输给学生，应该尽量承认并接受学生的感受、减少学生情感混乱的矛盾。当然，在实际的体育课堂教学情景中教师该如何表达自己对于学生承认和接受呢？表达“承认”“接受”是一种复杂的艺术，得使用特殊的语言。体育教师在接受或承认学生时，还要加上一些有针对性的话语，比如：“我该怎样帮助你呢？”这可以提供机会让学生去解决问题，同时又表示了教师对学生解决问题的能力有信心。

第四，避免直接诊断学生的缺点。体育教师和学生沟通交流的过程中应避免诊断与预告学生的行为。教师对学生的诊断，是揭示学生的缺点。如果教师经常地诊断或预告学生的行为，会让学生在潜意识里给自己进行的行为定性，他们会认为教师的诊断和预告是真的，并会用行动“实践”教师的预言，从而会表现出一些负面的行为来自毁形象。所以教师在实际的体育教学过程中应该鼓励学生的成长和成就，循循善诱，启发引导。

第五，正确引导学生的行为。体育教师在纠正学生的错误行为时，只要说出其所看见的情景，并引导学生正确的行为即可，学生知道教师的感觉以及期望他们如何改进，他们就更可能自觉遵从教师的建议并改正错误行为。

第六，不讽刺学生。教师如果讽刺学生，会刺伤学生的自尊心，让学生产生逆反心理，从而激化师生之间的矛盾。

第七，适当赞美。学生赞美在一定程度上能有效调动起学生学习的热情，提升学生学习的积极性，增强学生学习的自信心。

以身立教、为人师表是体育教师最基本的师德规范。因此，体育教师首先应是一个具有良好思想品德的人，必须严格要求自己，注重自己的仪表，以良好的教态、强烈的事业心、认真的工作作风去影响、感染学生，使之成为一种感性的、潜移默化的巨大力量，从知情意等方面影响着青少年的成长，从而达到教育的目的。

第2节　美育和情感教育

体育教育能通过有效的教学手段让学生认识美、表现美、创造美。

在体育教学中对学生进行美的教育是体育教学中的一项基本任务，体育教学和其他学科的教学有本质上不同的地方，它以从事各种身体练习为主要教学过程，以增强学生的体质为主要的目的，因此，教学中的美育也应有它的独特性。根据体育教学中的特殊规律和它的教学目的，体育教学中美育的任务是：使学生的身体发育完美，塑造和培养学生具有符合审美要求的体形、姿态动作和行为，通过教师的引导和学生的自身练习，使学生逐渐认识美、热爱美、鉴赏美和表现美，从而造就新一代具有较强的适应能力，体态均匀，举止灵敏而又洒脱，外貌端正，精神饱满，道德高尚。

体育教学中的美育，其基本内容就是对学生进行形体美教育、姿态美教育、动作美教育和行为美教育。在体育教学中，通过组织学生进行各种跑、跳、投和一些力量素质的练习，如引体向上、俯卧撑、举重物、负重蹲跳和健美操等，不但能促进学生的健美发育，也能发展他们身体各部位的肌肉，使之发达匀称，体格健美，对那些因先天或后天生活习惯不良而引起形体不佳的学生，例如高低肩、脊柱侧弯、驼背、鸡胸等，要指出他们不良的生活习惯，指导他们做一些有针对性的练习，以提高肌体的补偿功能，矫正形体，使之逐渐恢复健美的体形。姿态是人体在空间的运动、变化的样式，包括人体处于静止的坐、立，处于从事基本技能活动的走、跑、跳、投等。美的姿态应该给人两种感觉，即竖看有直立感，横看有开阔感。例如，站立时，从正面看以鼻子为中线的人体应该有直立感，同时肩不能有前扣，而要向后掰，手臂在身体的两侧要自然下垂，手心向里，而中指微贴裤缝，以产生开阔感；从侧面看，从耳与面相接处至脚的踝骨前侧也要拉成一条竖直的虚线，腹部平，胸向前上方挺出，这样的站立姿态就给人以一种挺、直、高的美感。行走的姿态则要轻而灵活，给人一种对称与和谐一致的美感。人们常说的“坐如钟，站如松，行如风”就是美的姿态。

史家小学体育教学一方面通过各种形式的队列练习，另一方面通过严密的课堂组织措施和严格的课堂要求，培养学生形成正确的站立、行走、跳、跑等姿势，从而给人以美感。对于那些站立时探头、歪脖、扣胸、耸肩、塌腰、撅臀以及两腿不直，行走时摇头晃脑，前摆后扭，上下颠簸，重心后倒的学生，要及时给予纠正，对已经形成不良习惯的学生，则要采取形体美的教育手段，并逐步提高练习的要求，使之尽快消除不美的姿态，继而以美的姿态出现。

1. 动作美教育

动作美是人体完成各种动作时所表现出来的一种美，美的动作应该是舒展大方，轻巧灵活，协调准确，富有力度感和节奏感（或称之为韵律感）。教学中，当向学生传授运动技术时，应想方设法采取有效的教学手段和教学方法，使学生正确掌握动作，对于技术教学中的薄弱环节，应加强辅导和训练，并注意发展相应的素质加以解决。在进行一些节奏鲜明的练习时，可配以相符节奏的音乐，让学生在优美的音乐旋律中练习，不仅能使动作更富节奏感，又能使学生得到美的陶冶。

在教学中，还可以根据教学大纲的要求和学生实际情况，采用一些韵律操或舞蹈，这对培养学生的韵律感和优美感比较有效。但必须注意的是，体育课毕竟不是音乐或是舞蹈课，在教学中采用音乐和舞蹈，只是为提高体育教学质量服务，如果用音乐或舞蹈代替体育教学则是不可取的。对于那些练习时动作僵硬、别扭，甚至错误的学生要及时给予纠正，特别要引起注意的是进行带有危险性的动作练习时，要做好安全保护措施，防止伤害事故的发生，否则动作美的教学便会成为一句空话。

2. 行为美教育

人的行为是受到意识支配的，是一个人的思想品德的外在表现。美的行为应符合一定的道德规范，如爱国家，爱集体，诚实，公正，不损人利己，在完成动作时表现得勇敢、顽强、灵活、果断、坚忍不拔等。在教学中，教师可以通过向学生介绍我国优秀运动员勇攀世界体育高峰、为国争光的生动事迹，让学生理解优秀运动员的情操及思想境界之美，使学生的爱国主义思想与运动员的爱国行为产生共鸣。通过集体游戏和组织教学竞赛，能增强学生的集体荣誉感，培养他们守纪律和遵守各项竞赛规则的自觉性。通过障碍跑、耐久跑和体操项目（如单杠、双杠、跳箱、山羊、技巧等）的教学，能够培养学生勇敢、顽强的良好心理素质，而进行游戏或是球类的项目的教学，则可以培养学生灵活、果断的气质，对于在教学中出现不守纪律、不诚实、说假话，甚至出现损人利己行为的学生，要对他们进行思想教育，帮助他们提高认识，分清行为中的美与丑，而对那些在练习中缺乏信心，表现畏缩、胆怯的学生，除了鼓励他们进行大胆练习外，还要帮助他们分析技术原因，加强他们练习时的保护与帮助，使他们消除恐惧心理，增强信心。同时，也使他们心理素质得到培养。

第10章
课堂教学案例

教学案例10.1 钻类游戏——快乐的小矿工 / 张欣欣

一、指导思想

依据国家课程改革和实施“健康第一”的精神为宗旨，选用北京版实验教材三册生活实用类教材有关的理论依据施教。首先，紧密结合小学低年级学生的好奇、乐玩、善模仿、喜游戏等诸多身心特点进行教学；其次，结合生活实用类教材的特点，把提高钻爬技能融入情景与游戏教学之中；并注重结合教学的新理念授课，使他们幼小的心灵懂知要提高健康意识、养成锻炼及卫生习惯、积极进行体育锻炼和产生感知的乐趣等。在教学中运用形式多样、有情有境、游戏有变、仿声仿行、负荷适中等教学手段并梳理成有序的教学层次进行。本课力图在安全、自信、体验、合作、愉悦的教学氛围中，达成本课的教学目标。

二、教材分析

生活实用类中钻类教材深受学生的喜欢，此项教材很适合儿童的特点，而且贴近生活，贴近实际，根据教材内容配备的器材新颖、实用，很适合小学二年级学生的年龄特点。

三、学情分析

二年级4班学生共有34人，身体素质普遍较好，且喜欢体育运动，学习态度端正，组织纪律性强。本课是在复习动作的基础上提高动作技能质量的同时，拓展不同钻类的动作练习，使学生情趣盎然地积极自觉地参与到练习中去，并启发他们的智慧与思维，培养合作意识，提高协调能力。

四、单元安排

生活实用类——钻类，安排1课时2课次（本课是第2课次）。

（1）学习钻的动作，初步掌握两臂前伸、低头含胸、身体蹲立，两脚依次迈过的动作技能。

（2）复习钻的动作，提高钻时降低重心蹲立移动的动作技能并进行拓展。

五、教学流程（见图10.1）

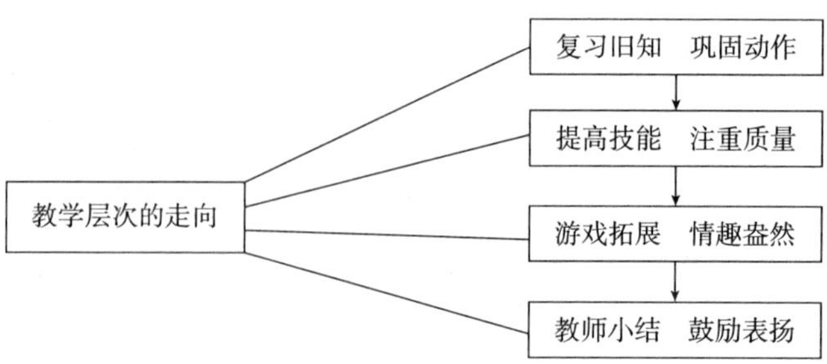

图10.1 教学流程

六、技术准备与说明

本课教学，根据低年级学生的特点，充分发挥学校教育资源的优势，为学生创设贴近生活实际与教学内容相结合的教学环境和氛围。受大型玩具“钻桶”的启发，将其改制成教学所需。利用鲜艳、新颖的器材激发学生学习欲望，改制后的教具更利于学生学习与掌握本课所教动作。

教案附后，见表10.1。

表10.1　东城区史家小学体育课教案

班级：二年级4班　　人数：32人　　教师：张欣欣　　日期：2007年5月18日

<table>
<tr><td colspan="8">教学内容：1、生活实用类：钻类游戏——快乐的小矿工；2、游戏：“打鼹鼠”</td></tr>
<tr><td colspan="8">教学目标：
1. 进一步学习钻的动作，提高钻时降低重心、蹲立移动的动作技能，使90%的学生理解并掌握钻的方法。在游戏教学中，提高学生投准能力。发展灵敏、协调等身体素质及上、下肢力量
2. 运用教师引导和学生体验的方法来学习技能；利用小矿工的情景教学，激发学生钻障碍的兴趣；注意安全教育完成课的过程
3. 培养与磨炼学生坚强的意志和刻苦锻炼的精神，并在活动中学会与同伴交流、合作</td></tr>
<tr><td>部分</td><td>教学内容</td><td>时间</td><td>次数</td><td>教师
指导过程</td><td>学生
学习过程</td><td>组织场地</td><td>阶段目标
养护措施</td></tr>
<tr><td>开始部分</td><td>一、上课式
1. 队长整队
2. 报告人数
3. 师生问好
4. 教师宣布本课内容
二、队列练习
1. 连续报数
2. 向左转、向右转
3. 原地四列横队变成八路纵队</td><td>3分钟</td><td>1

2</td><td>问候语：
“同学们好”
1. 引导学生站队
2. 宣布内容
（1）生活实用类：快乐的小矿工
（2）游戏：打鼹鼠</td><td>问候语：
“老师好”
1. 面对老师成密集队形站好
2. 认真听老师宣布本课内容及常规要求</td><td>组织：
××××××××
××××××××
××××××××
××××××××
Δ
要求：
1. 站队快、静、齐
2. 队列练习由教师带领进行</td><td>课前提示整理服装
礼貌教育
培养学生组织性纪律性</td></tr>
</table>

续表

部分	教学内容	时间	次数	教师 指导过程	学生 学习过程	组织场地	阶段目标 养护措施
开始部分	4. 成体操队形散开			3. 用激励的语言引导	3. 队列练习由教师带领	3. 队列练习精神振奋，口号洪亮	培养认真练习的好习惯
准备部分	**一、儿童活力操** **预备式** 1. 头部 2. 下蹲 3. 体转 4. 体侧 5. 压腿 6. 跳跃 7. 整理 **二、辅助练习** 1. 肩关节活动 2. 膝关节活动 3. 踝、腕关节活动	6分钟	1	1. 和学生一起练习 2. 观察指导 3. 师生共同完成	1. 在教师带领下练习 2. 请做得好的学生带操 3. 随音乐继续练习	组织：成体操队形 × × × × × × × × × × × × × × × × △ 要求： 口令准确，活动充分	充分活动各关节，为接下来的练习做准备 使学生掌握动作的名称与活动方法
基本部分	一、生活实用类：快乐的小矿工 钻的动作方法： 降低重心 低头含胸 蹲立移动 安全通过 重、难点： 蹲立移动 协调自然	20分钟		**一、复习旧知，巩固动作** 1. 提示、复习所学钻的动作 2. 提问“钻立圈时的动作要点是什么” **二、提高技能注重质量** 3. 复习口诀，讲解、示范 4. 指导学生“平圈”练习	1. 四人结伴徒手练习 2. 体会动作并答疑 3. 认真听讲、观察 4. 体会动作	组织： 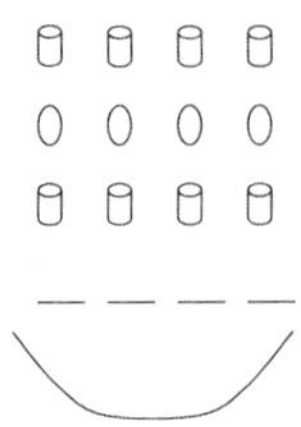	尝试锻炼身体的乐趣

续表

部分	教学内容	时间	次数	教师 指导过程	学生 学习过程	组织场地	阶段目标 养护措施
基本部分		20分钟	1 1 1~2 1	5. 请一组同学进行示范并表扬 6. 指导学生再次练习 7. 设疑“下矿井应采用的方法” 8. 讲解并示范 9. 指导学生练习 三、拓展练习，情趣盎然 10. 讲解“快乐的小矿工”比赛方法 11. 教师强调动作，指导比赛 四、教师小结，鼓励表扬 12. 肯定成绩，指出不足并讲明如何改进	5. 认真观察，掌声鼓励 6. 体会动作，小组评价 7. 体会动作并答疑 8. 认真观察 9. 八人一组练习 10. 认真听讲并进行练习 11. 认真参与进行比赛 12. 注意听讲，自我反思	要求： 1. 精神投入，思练结合 2. 充分合作，体验成功	学会与同伴交流合作 培养合作精神及安全意识 规则教育，团结协作
基本部分	二、游戏：“打鼹鼠” 游戏方法： 学生持包在规定范围内分别击打固定、移动的“小鼹鼠” 游戏规则： 1. 听哨开始 2. 不准踩线进行投击	8分钟	8~10	1. 提示方法及要求 2. 观察巡视强调要求 3. 组织比赛 4. 统计公布成绩 5. 教师小结	1. 认真听讲 2. 分组练习 3. 进行比赛 4. 报成绩 5. 认真听讲	组织： 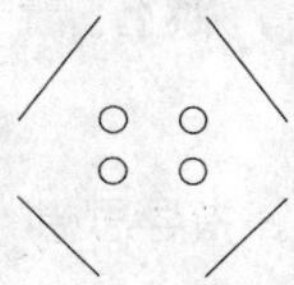 要求： 1. 遵守规则 2. 注意安全	令行禁止教育

续表

<table>
<tr><th>部分</th><th>教学内容</th><th>时间</th><th>次数</th><th>教师
指导过程</th><th>学生
学习过程</th><th>组织场地</th><th>阶段目标
养护措施</th></tr>
<tr><td>结束部分</td><td>一、放松小舞蹈：踢踏舞
二、教师小结、发奖
三、宣布下课，师生再见</td><td>3分钟</td><td>1</td><td>1. 教师引导学生练习
2. 教师小结
3. 宣布下课</td><td>1. 学生随音乐舞蹈
2. 认真听讲
3. 师生再见</td><td>组织：
散点练习
要求：动作自然、大方</td><td>展示美、表现美
接受美的熏陶</td></tr>
<tr><td rowspan="2">教具</td><td rowspan="2">海绵包 150 个
自制小矿井 4 组
游戏标靶 4 个</td><td colspan="2" rowspan="2">运动负荷曲线预计</td><td colspan="3" rowspan="2">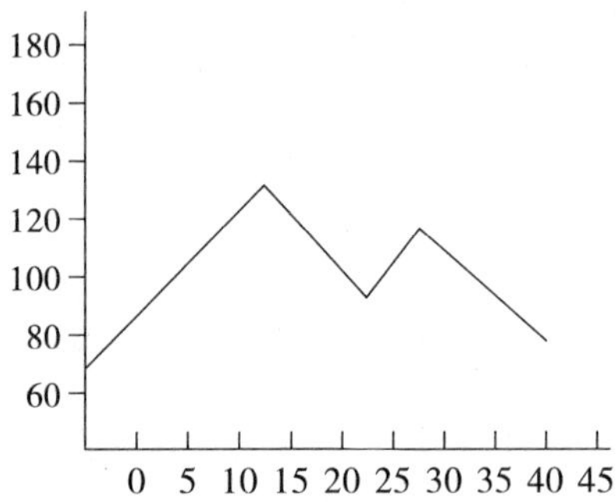</td><td>练习密度预计</td></tr>
<tr><td>35% 左右</td></tr>
<tr><td>小结</td><td colspan="7"></td></tr>
</table>

教学案例10.2 跳上、跳下20厘米高的物体 / 李大明

一、指导思想

依据国家课程改革及实施“健康第一”的精神为宗旨，选用人教版《水平目标一》跳跃类教材有关的理论依据施教，紧密结合小学低年级学生的年龄及身心特点及教学中更新课程理念，运用求新、善变、体验、求实等教学方法与特点进行。教师牢记将

增进学生健康贯穿于课堂的全过程，确保“健康第一”的思想落到实处，使学生在自信、安全、体验、愉悦的教学氛围中达成本课的教学目标。

二、教学内容

（1）跳上、跳下20厘米高的物体

（2）游戏：小小射击手

三、单元计划

教材内容：双脚跳上、跳下20厘米高的物体。

本课安排1.5课时，共3课次，此课是第2课次。

第1课次：学习跳上、跳下时双脚用力蹬地起跳，双脚落地动作。

第2课次：提高双脚轻巧缓冲着地的动作技巧。

第3课次：提高动作时的连贯和协调性。

四、背景分析

1. 教材分析

跳跃是人体的基本活动能力之一。低年级跳跃教材内容较为简单，易懂、易学、易练，课上通过教授基本的跳跃方法，培养跳跃的正确姿势、发展跳跃能力具有重要作用。就本课复习双脚跳上、跳下20厘米高的物体而言，是发展学生弹跳力、协调和调控身体平衡等的一项教材。本教材应使学生较好地掌握双脚用力蹬地跳起，双脚轻巧落地，屈膝缓冲，前脚掌着地，保持身体平稳姿势等。在学习过程中，重点提示的是动作的连贯与协调性。本课教材较为简单，教师需要对教材加工再处理，使学生上得生动、有趣，产生回味。注：因教具原因（找不到正好20

厘米高的物体)，又因学生能力原因，故用各色小凳(25厘米)代替。

2. 学情分析

我所教授的一年级10班共有36名学生，此班学生喜欢体育运动，组织纪律性较强，思维活跃，学习态度端正。从上一节学习此动作的效果来看，大部分学生较正确的掌握了这个动作与技能，但还有一部分学生跳上用力欠缺、落地轻巧缓冲动作僵硬，连贯与协调方面还有待提高。此课为了解决以上存在的不足与缺陷，教师运用物体对比试验法、物体高低不等、形状各异(因学生较多，使用同一种器材数量有限，选用箱盖代替使用，解决器材的不足)、互换练习跳法，还继续伴随着定时、定量、多样、附加动作、创新等多种教法进行。练习中适宜的调控练习密度与运动负荷，坚持以养护与锻炼并重。此外，把较为简单、乏味的双脚跳上、跳下练习，拓展到童趣、自信、开创的教学氛围之中。

五、教学目标

1. 知识与技能

使100%的学生认识到跳上、跳下20厘米高物体的动作方法，使85%以上的学生改进双脚轻巧缓冲着地的技能。在游戏教学中，提高学生的兴趣与投准能力。发展协调、灵敏素质及上下肢力量。

2. 过程与方法

以学生练习为主线，以自主练习为方法，以观察对比试验法委手段，并伴随着自信、自练、自评实施教学过程。

3. 情感态度价值观

培养学生勇敢、果断和勇于克服困难的意志品质。

六、教学流程

开始部分（预计时间3分钟）：

（1）上课式（队长整队，报告人数，师生问好，宣布本课内容）。

（2）队列练习：原地三面转发和齐步走与立定。

场地：篮球场内。

阶段目标：培养良好的组织纪律性。

准备部分（预计时间7分钟）：

（1）听音乐做玲珑球操。

（2）专项练习（以肩、髋、膝、踝为主）。

队形：体操队形。

场地：篮球场地内。

阶段目标：培养学生良好的身体姿态。

基本部分（预计时间28分钟）：

主教材内容：跳上、跳下20厘米高的物体（预计时间18分钟）。

在课的过程中我准备：

（1）学生做两个小游戏引入主教材（模仿各种小动物跳和小组跳皮筋），教师巡视观察。

（2）学生复习跳跃小儿歌：用力蹬、跳上行、轻落地、膝缓冲。教师做两个小试验，来体现落地轻和缓冲的重要性并讲解示范正确动作，提示重点。学生练习，请做得好的同学表演。教师公布评价条件，学生练习，相互评价。学生进行定时（15秒）、定量（5个）比赛。教师宣布比赛结果。

（3）学生进行自创、二人合创的练习，教师引导学生换位置练习。

（4）教师总结，肯定成绩。阶段目标：培养学生果断、勇敢、坚强的意志品质。

辅助教材是游戏：小小射击手（预计用时10分钟），为复习教材。

游戏方法：用玲珑球击打各个小组自己搭建的靶位，击中靶位上任何部位得一分，击中红色目标得两分。练习分为教师统一口令和组长发令两种。然后，教师出示一个移动靶位，学生击打。最后，全班完成击打移动气球的练习。教师小结游戏情况，提出表扬。阶段目标：发展上肢力量，提高投掷能力。

结束部分（预计时间2分钟）：

（1）听音乐做放松整理小舞蹈。

（2）教师总结本课情况并布置收还器材。

（3）宣布下课：师生再见。

阶段目标：美育教育。

七、安全养护

（1）教师课前检查场地和器材，确保安全。

（2）课中向学生进行安全教育，教师进行有效组织，认真观察并及时处理突发事件。

（3）课中的准备部分将学生身体各个部位活动充分。

（4）每一次练习后，让学生活动膝关节，培养良好的自我养护习惯。

八、教具场地

教师上课前必须准备的器材：录音机1台、低凳20个、高凳4个、跳箱盖1个、玲珑球80个、活动靶一个、小垫子若干。主教材利用场地用圆形队授课。为了上课时更加有趣，不枯燥、乏味，教具使用小方凳和跳箱盖进行，注意使用物体的安全性和稳固性，加强安全意识的培养与教育。游戏教学中运用固定与移动靶位进行投准。

教案附后，见表10.2。

表10.2　体育课教案

班级：一年级10班　　　　教师：李大明

<table>
<tr><td colspan="8">教学内容：　一、跳上、跳下20厘米高的物体　　二、小小射击手游戏</td></tr>
<tr><td colspan="8">教学目标：
知识与技能：100%的学生了解跳上、跳下20厘米高物体的动作方法，使85%以上的学生改进双脚轻巧缓冲着地的技能。在游戏教学中，提高学生的兴趣与投准能力。发展协调、灵敏素质及上下肢力量
过程与方法：以学生练习为主线，以自主练习为方法，以观察对比试验法为手段，并伴随着自信、自练、自评实施教学过程
情感态度价值观：培养学生勇敢、果断和勇于克服困难的意志品质</td></tr>
<tr><td>部分</td><td>教学内容</td><td>时间</td><td>次数</td><td>教学指导过程</td><td>学生学习过程</td><td>组织场地及要求</td><td>阶段目标养护措施</td></tr>
<tr><td>开始部分</td><td>一、上课式
1.队长整队，报告人数
2.师生问好
3.宣布本课内容
二、列队练习
1.三面转法练习
2.齐步走与立定</td><td>4分钟</td><td>1/2</td><td>1.教师引导站队
2.教师问好
3.宣布学习内容及要求
4.教师口令队列练习</td><td>1.体育队长整队并向教师报告人数
2.学生问好
3.听清教师要求
4.按教师口令练习</td><td>组织：
★★★★★
★★★★★
☆☆☆☆☆
☆☆☆☆☆
▲
要求：
1.动作规范，节奏感强
2.注意力集中，精神饱满</td><td>培养良好的组织纪律性</td></tr>
</table>

续表

部分	教学内容	时间	次数	教学指导过程	学生学习过程	组织场地及要求	阶段目标养护措施
准备部分	**一、玲珑球操** 1. 头部运动 2. 上肢运动 3. 扩胸运动 4. 体转运动 5. 腹背运动 6. 全身运动 7. 跳跃运动 8. 整理运动 **二、专项准备活动** 活动颈、肩、膝、踝、腕各关节	6分钟	4×8	1. 请学生一起带操 2. 带领学生练习 3. 引导学生活动各关节	1. 听音乐做律动操 2. 按教师动作练习 3. 根据提示活动各关节	组织： ★★★★★ ★★★★★ ☆☆☆☆☆ ☆☆☆☆☆ ▲ 要求： 1. 动作规范到位 2. 活动充分	养成做任何运动之前都要做好准备活动的好习惯
基本部分	**一、跳上、跳下20厘米高的物体** 方法：原地直立，两脚用力蹬地跳上物体，并立即向后（向前）跳下，转体360度后重复以上动作 重点：轻巧缓冲落地 难点：连贯协调	18分钟	3	**一、游戏引导启动热身** 1. 引领、观察、巡视游戏情况，提示安全 2. 每小组发一皮筋继续创意游戏 **二、复习旧知，改进技能** 3. 提示重温已学过的儿歌 4. 复习双脚跳上、跳下动作，观察并提问	1. 进行个人与结伴各种方式跳得游戏 2. 团队为伴用皮筋进行游戏 3. 齐声回答 4. 先复习，后感悟，再回答问题	组织： 散点	培养学生勇敢果断的意志品质

续表

部分	教学内容	时间	次数	教学指导过程	学生学习过程	组织场地及要求	阶段目标养护措施
基本部分	儿歌： 用力蹬， 跳上行， 轻落地， 膝缓冲		3~5 3~5 3 10~15 3~5 1	5. 先做两个小试验后学生回答问题 6. 示范讲解并提示重点 7. 观察、巡视、指导并表扬双脚轻巧缓冲着地的学生 8. 请做得好的同学进行表演，表扬 9. 巡视、指导 10. 观察练习，说清初次评价条件并检查练习效果 11. 讲解、观察、了解比赛结果 **三、动作创想，互动展才** 12. 讲解有创意动作的安全因素，巡视并指导 13. 观察与巡视 **四、教师小结，肯定成绩** 14. 肯定成绩，提出表扬，提出问题并指出改进意见	5. 注意听讲，认真观察、反思、回答问题 6. 认真观察 7. 自主练习 8. 认真观察，自我反思 9. 再次练习 10. 进行练习，听清条件，两人互评 11. 分别进行定时、定量的比赛 12. 分别进行自创、两人合创团队共创动作的练习 13. 以小组为单位，进行提高难度的动作练习 14. 认真听讲		蹲起练习，养护膝关节

续表

部分	教学内容	时间	次数	教学指导过程	学生学习过程	组织场地及要求	阶段目标养护措施
基本部分	二、游戏：小小运动员（投准靶位）	9分钟	1 4 2 4~6 1 1 1	1. 施加条件，如何使小凳搭成靶位 2. 教师统一口令击打 3. 巡视并提示规则 4. 巡视、了解比赛情况，并公布成绩 5. 讲解投移动靶位的要求 6. 提高兴趣，练习击打并给予全班表扬 7. 教师小结情况	1. 学生讨论并搭建靶位 2. 听口令后击打练习 3. 听组长指挥集体击打练习 4. 每人使用一个球比赛 5. 投向移动靶位的练习 6. 全班完成击打移动物体的练习 7. 认真听讲	组织:(图略) 要求： 1. 投掷时，脚不踩线 2. 投掷动作正确，出手角度要根据靶位设定（低靶位） 3. 注意安全	发展上肢力量 培养班级荣誉感
结束部分	一、放松小舞蹈:“哆啦A梦” 二、教师总结 三、宣布下课 四、收拾器材	3分钟	1	1. 组织学生站成舞蹈队形 2. 听音乐教师和学生共同舞蹈 3. 总结 4. 宣布下课、收拾器材	1. 排队 2. 放松舞蹈 3. 认真听讲 4. 师生道别	组织： ★★★★★ ★★★★★ ☆☆☆☆☆ ☆☆☆☆☆ ▲ 要求： 动作舒展、大方	在舞蹈中感受美、体验美 对身体和身心进行放松

续表

<table>
<tr><td rowspan="2">场地器材</td><td rowspan="2">玲珑球80个
小凳20个
跳箱盖1个
录音机1台
移动靶位1个
小垫子若干</td><td rowspan="2">运动量曲线预计</td><td rowspan="2">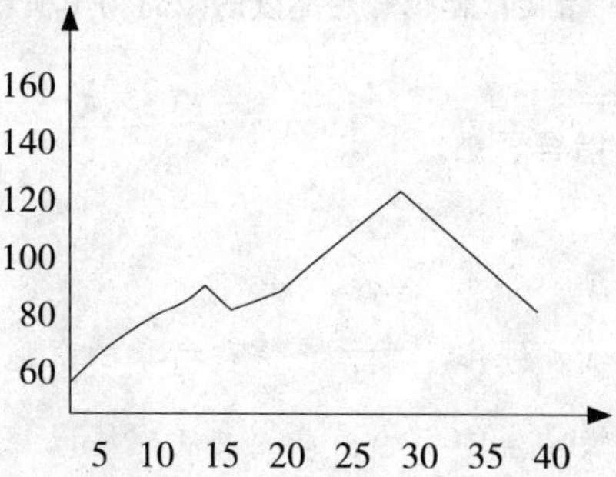
</td><td>练习密度预计</td></tr>
<tr><td>30%左右</td></tr>
<tr><td>课后小结</td><td colspan="4">课前，场地和器材的准备方面比较充分。上课的前一天晚上，将场地布置完毕，课上所用的器材也都码放到位，并为确保安全，我还亲自检查了每一个小凳，将个别不稳的小凳进行了调整，确保做到了消除一切安全隐患
课的开始准备部分，我和学生的状态都还不错，学生的常规得到了体现，我在时间以及语言的组织方面都还控制得不错。只是在学生领做专项练习的时候有些沉闷。今后，学生领操时要注意形式多样、互动、互评效果可能会好一些
基本部分，首先是学生的分散练习，起到了进一步热身和为主教材进行铺垫的作用而且效果很好。我的语言显得有些过多，一次站位不合理，导致我有些紧张。学生开始做跳上、跳下练习时两个对比实验起到了突出课的重难点的作用，但我又一次讲解时的站位出现错误，使得我心理多少有些慌乱。另外，在平时的练习中，有一个女孩下肢力量不足而且胆小，不敢跳上、跳下，我在布置场地时，单独给她准备了一个较低的跳箱盖。在第一次练习时的巡视观察并没有发现她，到了第二次练习我才看到，才把她带到跳箱盖处，让她单独练习。练习中学生相互评价这一环节我认为效果不错，不但激发了学生的练习热情，也更好地突出了本课的重难点，使学生加深对正确技术动作的认识。游戏，首先搬运小凳搭建靶位的时候，学生能够按照我事先预计的时间将靶位搭好。在练习过程中，我能够不断的提示动作要点，使学生在游戏过程中巩固提高投准的动作，但练习次数过多，导致时间控制出现了问题。当我发现的时候已经有些晚了，距离下课还有3分钟。最后游戏的高潮阶段我加快了节奏，但最后的放松小舞蹈还是没有进行，只是简单地做了一些放松，就下课了
总结本课，我的心理压力过大，导致过度地紧张；低估学生的能力，导致课上的语言过多。还反映出自身的经验不足，讲解时站位出现问题。另外，掌控学生能力方面、对时间的把握还有待进一步地提高</td></tr>
</table>

教学案例10.3 攀爬：爬越一定高度的障碍物（横箱）/金　帆

一、指导思想

本课教学以“健康第一”为指导思想，认真贯彻《北京市教委关于加强中小学体育课程教学的意见》的精神，紧密结合小学低年级学生的年龄、身心发展规律以及好奇、爱动、善于模仿等诸多特点，采用师生共同学习的方式进行施教。本课积极贯彻落实《体育课标》“激发学生兴趣及重视学生主体地位”的基本理念，并以此统领教育教学的全过程。结合人教版《水平一》体操类中的爬越内容及理论，教学实施中教师注重学生身体、心理、社会适应等方面的全面发展，使学生在自主体验、自主学习的和谐、愉悦氛围中感受体育活动给他们带来的欢乐。

二、教学内容

水平一体操类教学——攀爬：爬越一定高度的障碍物（横箱）

三、单元课次

爬越内容共安排1.5课时三课次(见表10.3)。本课为第二课次。

表10.3　　爬越教学课次的安排

课次	教学内容	教学目标	重、难点	教学措施
1	模仿动物爬行	复习各种爬行的动作方法，掌握手脚交替爬行的技术动作，并能爬越不同高度体操垫；强化体操意识	重点：手脚交替爬行 难点：上、下肢配合协调	1. 图示引导 2. 模仿练习 3. 讲解示范 4. 体验练习

课次	教学内容	教学目标	重、难点	教学措施
2	爬越一定高度的障碍物（横箱）	通过教学使学生初步掌握爬越横箱技术动作；发展学生灵敏协调等身体素质	重点：上体俯卧于跳箱上。 难点：动作连贯，落地平稳	1. 复习旧知 2. 体验练习 3. 教师示范 4. 学习新知
3	爬越一定高度的障碍物（纵箱）	学习爬越纵箱的技术动作，巩固、提高学生爬越一定高度障碍物的能力	重点：支撑跳起，身体前倾。 难点：两手前移，两腿屈膝依次上箱	1. 复习旧知 2. 体验练习 3. 讲解示范 4. 学习新知

四、教学背景分析

1. 教学内容分析

爬越是日常生活、生产劳动和保卫祖国的重要实用技能，也是深受低年级小学生所喜爱的活动。爬越教材的练习不仅要求方法正确，而且必须具备一定的力量和灵敏性素质才能完成动作。本课教学是低年级爬越内容之一，是在学生掌握爬行的基础上爬越一定高度的障碍物（横向跳箱），练习者身体靠近横向跳箱，双手撑扶一端，一脚上提，使上体俯卧于跳箱上，同时另一只脚紧跟而上，两腿越过障碍，两脚落地。由于爬越一定高度的障碍物带有危险性，身体重心的把握是学生能否安全越过障碍的关键，因此本课将教学重点设置为上体俯卧于跳箱上，这样有效地降低了学生的重心，使练习过程更平稳更安全，同时能够培养学生自我保护的安全意识。难点是重点的一个延续，当学生掌握基本动作后，为突破教学的难点，安排学生展示、教师示范、相互帮助、相互评价等多种方式，在不断练习体验中使学生动作得到巩固、提高，使学生能够协调、连贯完成动作。

2. 学生情况分析

二年级 11 班的学生对体育活动兴趣浓厚，学生纪律好，接受新事物快，身体素质普遍良好。该班有一名特殊学生，有轻微抽动症及多动症。在课堂中会因自控力较差而出现乱动和不听讲的情况，需要教师通过语言或眼神等方式对其进行提醒。该班学生已经较好掌握教材中模仿动物爬行内容，并能爬越一定高度体操垫，且对爬越内容非常喜爱。根据学生的表现，该班学生有能力进行爬越一定高度的障碍物的学习；凭借教师的经验，学生在初步学习该内容时，容易出现两手支撑身体远离跳箱的现象。教师应对学生情况进行有针对性的辅导和练习，并采用相互提示、粘贴物等手段，使学生掌握爬越一定高度障碍物的动作。

五、教学流程图（见图 10.1）

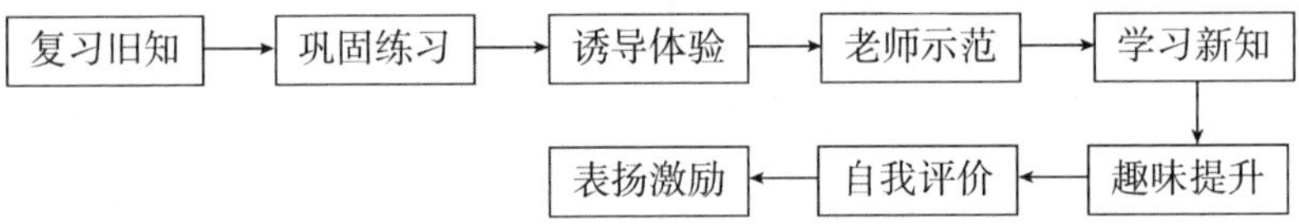

图 10.2　教学流程图

六、课时计划（见表 10.4）

表10.4《爬越一定高度的障碍物（横箱）》课时计划

任课教师：金帆　　年级：二年级　　人数：40 人　　第 2 次课

教材内容	1. 爬越一定高度的障碍物（横箱） 2. 聪明的“渔夫”游戏
教学目标	1. 通过教学使 100% 的学生能用口诀描述爬越横箱的动作要点，90% 左右的学生初步掌握爬越横箱技术动作，发展学生灵敏协调等身体素质；在游戏中，提高学生学习兴趣，发展学生奔跑躲闪能力

续表

<table>
<tr><td colspan="2">教学目标</td><td colspan="4">2. 本课通过教师的讲解示范、挂图提示及口诀记忆、评价激励等方法，以学生的自我体验、自主练习为手段，使学生逐步掌握爬越横箱的技术动作
3. 激发学生运动兴趣，培养学生勇敢、果断、顽强拼搏和相互协作的优良品质</td></tr>
<tr><td rowspan="2">教学过程</td><td rowspan="2">教学时间</td><td rowspan="2">教学内容</td><td colspan="2">运动负荷</td><td rowspan="2">组织教法与要求</td></tr>
<tr><td>次数</td><td>时间</td></tr>
<tr><td>开始部分</td><td>3分钟</td><td>一、上课式
1. 队长整队
2. 师生问好
3. 宣布本课内容
二、队列练习
1. 原地转法
2. 蹲下起立</td><td>

1~2
1~2</td><td>1分钟

2分钟</td><td>组织：见附图 11.3a
1. 教师引导站队
2. 师生问好
3. 宣布课内容
（1）爬越一定高度的障碍物（横箱）
（2）游戏：聪明的“渔夫”
4. 用激励的语言引导
5. 教师巡视、辅导并纠正动作
要求：
1. 站队快、静、齐
2. 精神振奋，口号声音洪亮
3. 动作整齐，姿态优美</td></tr>
<tr><td>准备部分</td><td>5分钟</td><td>一、准备活动：配乐拍手操
二、专项活动
1. 肩关节运动
2. 膝关节运动
3. 踝、腕关节运动</td><td>
8×4</td><td>3分钟

2分钟</td><td>组织：见附图 11.3b
1. 提出要求并领做
2. 观察与巡视，并给予指导
3. 领做辅助练习
4. 教师提示并纠正动作
要求：1. 按节拍要求练习
2. 做操时精神饱满，动作准确到位</td></tr>
<tr><td>基本部分</td><td>29分钟</td><td>一、爬越一定高度的障碍物（横箱）
动作方法：
身体靠近横向跳箱，双手撑扶</td><td>1
1</td><td>19分钟</td><td>组织：见附图 11.3c
一、复习旧知，巩固练习
1. 教师引导学生复习垫上鳄鱼爬行练习，提示练习要求
2. 教师提示动作要点，进行个别辅导；学生再次练习，改进不足</td></tr>
</table>

续表

教学过程	教学时间	教学内容	运动负荷		组织教法与要求
			次数	时间	
基本部分		一端，一脚上提，使上体俯卧于跳箱上，同时另一只脚紧跟而上，两腿越过障碍，两脚落地 保护帮助方法：站在器械一侧，两手扶其上臂 动作要领口诀： 双手紧扶箱 两腿依次上 上体俯卧箱 过箱稳站立 重点：上体俯卧于跳箱上 难点：动作连贯，落地平稳 **二、游戏：聪明的“渔夫”** 游戏方法： 学生分组进行游戏，有一名学生扮演“渔夫”，其余学生扮演“鱼”分散在“池塘”里，“渔夫”手持“渔网”进行捕“鱼”，把捕到的“鱼”送入“鱼篓”，直至“鱼篓”被装满 游戏规则： 1.“鱼”不能离开“池塘”	1 3~4 4~5 2~3 1 1 1~2 1 1		组织：见附件图 11.3d **二、学习新知，体验练习** 3. 教师讲解、示范保护帮助的方法，提示安全教育；学生分组体验练习，学习保护帮助方法 4. 教师讲解、示范爬越一定高度障碍物的动作方法；学生仔细观察，认真听讲 5. 教师指导学生练习，并提示安全；学生小组间合作练习 6. 教师教授口诀并进行指导；学生练习 7. 教师施加练习条件，巡视纠正；学生练习过箱胸触标志物 8. 教师提示动作要点，学生练习无标志物过箱 9. 教师宣布评价条件，学生练习爬越一定高度障碍物并进行自评 10. 教师引导学生自行完成练习，提示注意安全；学生自行练习 **三、教师小结，表扬激励** 11. 教师对学生动作给予肯定，提出希望 要求： 1. 练习时有序进行 2. 保护的同学认真负责 3. 动作连贯，落地轻巧 4. 注意安全，进行保护与自我保护 组织：见附件图 11.3e 1. 教师讲明游戏方法、规则及注意事项 2. 教师组织学生进行游戏，选择一名学生当“渔夫” 3. 教师重申游戏规则，组织学生游戏

续表

<table>
<tr><td rowspan="2">教学过程</td><td rowspan="2">教学时间</td><td rowspan="2">教学内容</td><td colspan="2">运动负荷</td><td rowspan="2">组织教法与要求</td></tr>
<tr><td>次数</td><td>时间</td></tr>
<tr><td>基本部分</td><td></td><td>2. 被捕到的“鱼”不能重新回到“池塘”</td><td></td><td>1</td><td>4. 提高游戏难度，教师选择两名学生当“渔夫”
5. 教师小结游戏情况
要求：
1. 严格按游戏规则进行
2. 上下肢配合协调
3. 游戏中注意安全，进行自我保护</td></tr>
<tr><td>结束部分</td><td>3分</td><td>一、放松
舞蹈：三只小熊
二、教师总结
三、布置作业，宣布下课</td><td>1</td><td>3分钟</td><td>组织：学生成散点队形
1. 教师放音乐带领学生放松练习；学生在三只小熊的音乐伴奏下进行放松
2. 教师总结本课练习情况；学生评价本节课自我表现
3. 教师宣布下课；学生协助教师收拾器材
要求：
1. 动作舒缓，协调
2. 精神放松，身体放松</td></tr>
<tr><td colspan="2" rowspan="2">场地器材</td><td rowspan="2">录音机1台
跳箱10个
棕垫20块
体操垫30块</td><td colspan="2">预计运动负荷</td><td>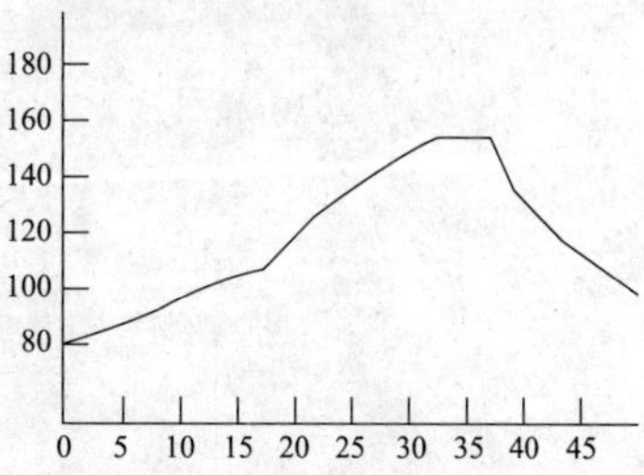</td></tr>
<tr><td colspan="2">密度</td><td>35%左右</td></tr>
<tr><td colspan="2">安全措施</td><td colspan="4">课前检查场地及器材是否安全，结合课的内容重点做好专项准备活动，课上教师强调保护与帮助，认真观察学生练习情况，及时处理突发事件，适时安排放松练习进行身体养护</td></tr>
<tr><td colspan="2">课后小结</td><td colspan="4"></td></tr>
</table>

附图（见图10.3）

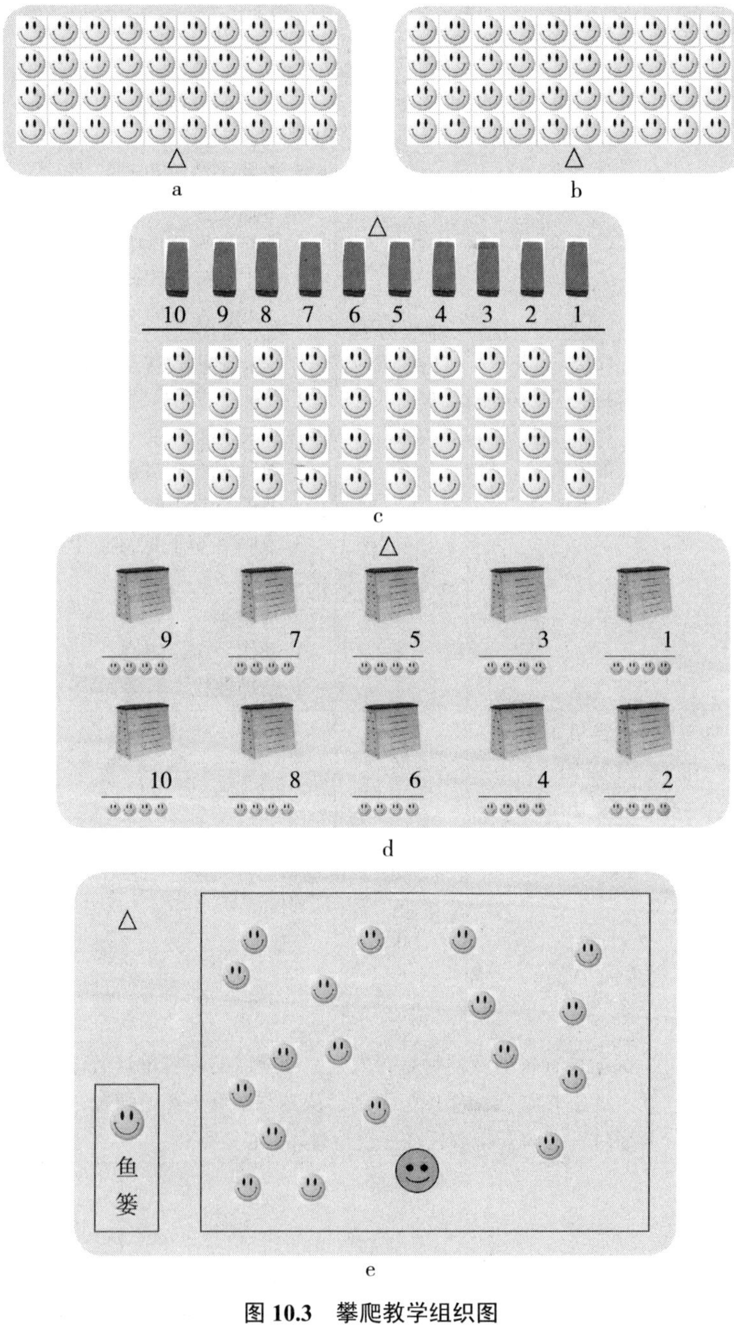

图 10.3　攀爬教学组织图

七、二年级爬越一定高度的障碍教学反思

本课的教学内容爬越是日常生活、生产劳动和保卫祖国的重要实用技能，也是深受低年级小学生所喜爱的活动。本节课结束后，作为授课教师，我有几点体会，总结如下。

（1）本课能够体现出规范与活泼的特点。在队列练习时学生动作整齐一致，体现出规范性。而在练习和放松中体现出符合学生年龄特征的活泼。

（2）教学环节清晰，组织、教法具有针对性，促进了教学目标的达成。针对于学生在爬越跳箱时上体贴箱不紧不够安全的情况，采用在箱的一端摆放易贴物，让学生在过箱时胸部先触易贴物，然后两腿依次过箱，教学方法具有实效性。

（3）突出学生的主体地位，关注教学的实效性。教学中除了将教师的主导性进行有效地发挥，还特别注重学生主体地位的体现，注重学法的实施。在动作要领传授时，采用师生共同填词的形式使学生学会如何使用要领词。此时学生的学习热情高涨，学习效果明显。

（4）从学生实际出发，在教学器材的设置上具有针对性。为了让学生顺利突破动作连贯、落地平稳这个教学难点，教师在踏垫的摆放上考虑到学生身高的差异性，在个人矮的学生组里摆放三层踏垫，个子高的学生摆放两层。使学生不会因为身高差异而影响教学难点的突破。

（5）教学评价简单易行，可操作性强。针对二年级学生的年龄特点，在学生练习中，教师不失时机地对学生的动作及时进行点评，并组织学生自评及小组间相互评价，评价标准制定简单，操作起来容易。使动作出现问题的学生能够及时纠正，使做得好的学生树立信心，提升练习兴趣。

（6）在教学中，器材做到一物多用，游戏采用情境教学，老游戏新

做，有效激发学生兴趣。

（7）在课上对个别身体协调性较差的学生的关注还略有不足，教师在今后的教学中应当对此类学生加强关注与指导。

体育学习是以身体活动为主要外在表现的、结合思维活动参与的、带有一定心理体验的活动过程。教师要在这个过程中引导学生思考，发展学生的认知能力。在体育技能的学习中，隐含了许多道理，体育教学的任务也就是要培养学生善于锻炼和理解这些道理并赋予行动。作为体育教师，我们任重道远。

教学案例10.4 小篮球原地运球 / 刘延光

一、指导思想

依据国家课程改革及实施“健康第一”的精神为宗旨，选用人教版《水平目标二》球类教材有关的理论依据施教，紧密结合小学四年级学生的年龄及身心特点及教学中更新课程理念，运用求新、善变、体验、求实等教学方法与特点进行。教师深记将增进学生健康贯穿于课堂的全过程，确保“健康第一”的思想落到实处，使学生在自信、安全、体验、愉悦的教学氛围中达成本课的教学目标。

二、教学内容

小篮球原地运球，人教版四年级。

三、单元计划

教材内容：原地运球。

本课安排1.5课时，三课次，本课是第二课次。

第一课次：通过熟悉球性练习让学生对小篮球产生兴趣，初步学习原地运球并掌握触球部位。

第二课次：初步掌握触球缓冲动作要领，提高运球能力。

第三课次：熟练掌握运球缓冲，初步学习双手交换运球。

四、背景分析

1. 教材分析

篮球作为现在世界上最热门的运动之一，已经越来越受到年轻人的喜欢。小篮球是四年级小球类限选内容之一。本教材是为了让学生学会一些最基本、最简单的技术动作，以便更好的锻炼身体，促进身心全面、健康发展。本教材应先学习原地运球，再学习行进间运球，通过原地运球教学，让学生掌握运球部位和时机，掌握缓冲运球的能力。启发学生认识到运球不是目的，而是结合场上情况，抓住运球的时机，做传球、突破或投篮进攻，以增强实战意识。

2. 学情分析

我所教授的四年级3班共有40名学生，此班学生喜欢体育运动，组织纪律性较强，思维活跃，学习态度端正。从上一节学习此动作的效果来看，大部分学生较正确的掌握了这个动作与技能，但还有部分学生不能够波手腕运球，个别学生用手掌心去触球，通过本次课的学习，让学生能够抬头运球，提高球性，通过游戏，比赛等教学等手段，让学生愉快的学会运球，拓展到童趣、自信、开创的教学氛围之中。

五、学习效果评价设计

本节课是球类课，对于球类课学习兴趣较高，上课较活泼，通过反复练习，使大部分学生能够掌握缓冲运球，并且能够初步做到抬头运球。提高自身的球性和对篮球的兴趣，通过教师评价，教师鼓励，教师小助手评价等方式让学生对于自己的学习成果有一个初步的了解，对于动作中出现的不足，能够及时得到纠正。对于部分运球很好的同学，体现区别对待，练习较好的学生可以尝试弱手运球等。

六、本课特点

依据课标中课程基本理念表述的要求，以学生发展为中心，发挥学生的主体地位，教学层次运用① 复习知识、巩固技能，② 技能传授、边想边练，③ 提升难度、互动练习，④ 出示挂图，提高兴趣，⑤ 相互练习，取长补短，⑥ 游戏比赛、提高兴趣，⑦ 教师总结、肯定成绩的方式，教法采用讲解、示范、挂图、互动、合作、游戏等多种手段，教法层次体现由易到难，学生自主选择。达到提高学生运球能力，发展学生灵敏、协调等身体素质的目的。利用 NBA 明星和激烈的抢球游戏来激发学生的学习兴趣，充分感受参加体育活动的快乐，有利于学生终身体育意识的培养。

辅助教材是游戏：忙碌的小蜜蜂。

游戏方法：把学生分成两组，小红蜂和小黄蜂，小红蜂把标志桶套成红色，小黄蜂把标志桶套成黄色，显示得哪种颜色的“蜂蜜”多哪组算胜利。不能守着一个“蜂蜜”不动，要“飞”起来，老师一声哨响必须停止游戏。教师小结游戏情况，提出表扬。阶段目标：发展协调灵敏素质。

本节课引进很多时尚元素，例如现在的篮球巨星姚明、科比等，用他们来调动孩子的学习热情，通过掏球游戏来提高运球对抗能力，让孩子在运球的同时不感觉枯燥。教师上课前必须准备的器材：小篮球40个，玲珑球80个，标志桶30个，挂图4个。主教材利用篮球场地授课。加强安全意识的培养与教育。

七、教学安全

（1）教师组织学生充分做好专项准备活动，避免受伤。

（2）在练习中穿插护理，让学生有充分的时间放松调整。

（3）在多人分组练习和掏球比赛时，注意间隔距离，防止冲撞

八、教具运用

小篮球40个，挂图四个，玲珑球80个，场地平整，宽阔，保证学生练习安全。

教案附后，见表10.5。

表10.5 体育课教案

年级：四年级　　周次：第十周　　课次：2　　日期：2010.11.2

教学内容：　一、小篮球原地运球　二、游戏：忙碌的小蜜蜂
教学目标： 知识与技能：95%以上的学生能用口诀描述原地运球动作方法，85%左右的学生掌握原地运球技术动作，提高运球能力，通过游戏发展协调、灵敏素质 过程与方法：通过教师讲解、示范、引导、组织练习等方法让学生掌握缓冲运球的动作方法 情感态度价值观：培养学生勇敢、果断和勇于克服困难的意志品质

续表

部分	教学内容	时间	次数	教学指导过程	学生学习过程	组织场地及要求	阶段目标养护措施
开始部分	**一、上课式** 1. 队长整队，报告人数 2. 师生问好 3. 宣布本课内容 **二、列队练习** 1. 三面转法练习 2. 齐步走与立定	4分钟	1~2	1. 教师引导站队 2. 教师问好 3. 宣布学习内容及要求 4. 教师口令队列练习	1. 体育队长整队并向教师报告人数 2. 学生问好 3. 听清教师要求 4. 按教师口令练习	组织： ★★★★★ ★★★★★ ☆☆☆☆☆ ☆☆☆☆☆ ▲ 要求： 1. 动作规范，节奏感强 2. 注意力集中，精神饱满	培养良好的组织纪律性
准备部分	**一、玲珑球操** 1. 头部运动 2. 上肢运动 3. 扩胸运动 4. 体转运动 5. 腹背运动 6. 全身运动 7. 跳跃运动 8. 整理运动 **二、专项准备活动** 活动颈、肩、膝、踝、腕各关节	6分钟	4×8	1. 请学生一起带操 2. 带领学生练习 3. 引导学生活动各关节	1. 听音乐做律动操 2. 按教师动作练习 3. 根据提示活动各关节	组织： ★★★★★ ★★★★★ ☆☆☆☆☆ ☆☆☆☆☆ ▲ 要求： 1. 动作规范到位 2. 活动充分	养成做任何运动之前都要做好准备活动的好习惯
基本部分	**三、小篮球原地运球** 方法：两脚开立，上体前倾，五指自然分开，用手掌根触球，手心空出，以肘关	18分钟	1	**一、游戏引导启动热身：** 1. 引领观察、巡视游戏情况，提示安全	1. 大排头传球接力 2. 接到球后举过头顶示意	组织： ★★★★★ ★★★★★ ☆☆☆☆☆ ☆☆☆☆☆ ▲	培养学生勇敢果断的意志品质

续表

部分	教学内容	时间	次数	教学指导过程	学生学习过程	组织场地及要求	阶段目标养护措施
基本部分	节为轴，当手触球时，小臂和手腕随球向上缓冲，然后小臂下伸，手向下按压球拍向地面。如此反复 重点：触球缓冲 难点：抬头运球 口诀： 两脚开立膝微弯，掌心空出下压按。曲肘拨腕缓冲球，弹性屈伸眼看前		2 30 3 30 30	2. 点评哪组又快又规范 二、复习旧知，改进技能 3. 组织学生复习拨球 4. 复习原地运球，复习口诀 三、学习新知 5. 讲解手触球缓冲，示范运球 6. 组织学生引导练习 7. 组织学生练习运球，强调触球缓冲运球 8. 再次练习，教授口诀，教师伸手指，让学生读数	3. 四指拨球，轻巧快速 4. 右手原地运球，左手护球，掌心空出 5. 认真听讲，注意观察教师动作 6. 将球抛起，手随球上方跟随运动，手不碰球 7. 拨腕下压，缓冲运球 8. 体会触球时机，拨腕缓冲，并且抬头观察，大声读出数字	要求： 1. 脚不动上体转动 2. 举球迅速 组织： ★★★★★ ★★★★★ ☆☆☆☆☆ ☆☆☆☆☆ ▲ 要求： 1. 控制好球，不要让球乱跑 2. 注意间隔距离 组织：散点 ★★★★ ☆☆☆ ★★ ☆☆ ★★★ ☆☆ ▲ 要求： 1. 小组和小组之间注意间隔距离	教师扔球，学生随球弹起的节奏用球敲打地面

续表

部分	教学内容	时间	次数	教学指导过程	学生学习过程	组织场地及要求	阶段目标养护措施
基本部分			40 30 6 8	9. 组织学生练习各种变换方法原地运球 10. 观察教师图片，按要求改变运球方式 11. 第一排，第三排向后转，练习双人交换运球 12. 组织学生进行掏球比赛 13. 肯定成绩，提出表扬，提出问题并指出改进意见	9. 高运球，低运球，全蹲运球，单膝跪地运球 10. 观察教师图片，体会触球时机和缓冲运球，体会如何控制球 11. 喊口号，统一向一个方向转 12. 两人一组进行掏球比赛，看谁得分多 13. 认真听讲	2. 防止冲撞，注意安全	按教师要求不同部位着地，让学生放松身心
结束部分	**四、游戏：忙碌的小蜜蜂** 方法：把学生分成两组，小红蜂和小黄蜂，小红蜂把标志桶套成红色，小黄蜂把标志桶套成黄色，哪种颜色的“蜂蜜”显示得多哪组算胜利	9分钟	1 3 2 1	1. 老师讲解游戏规则 2. 分组游戏 3. 教师巡视指导，组织练习 4. 教师小结	1. 认真听讲 2. 男生小黄蜂，女生小红蜂。 3. 互相加油、助威 4. 认真听讲	组织： × × × × ×× ×× ×× × × × × × × × × × ×  要求：学生练习游戏遵守游戏规则	

续表

部分	教学内容	时间	次数	教学指导过程	学生学习过程	组织场地及要求	阶段目标养护措施
结束部分	规则：不能守着一个“蜂蜜”不动，要“飞”起来，老师一声哨响必须停止游戏 五、放松小舞蹈：“哆啦A梦” 六、教师总结 七、宣布下课 八、收拾器材	3分钟	1	1. 教师带领学生跟音乐放松练习 2.教师小结表扬与鼓励 3.宣布下课	1. 跟老师做放松 2. 认真听讲，掌握所学动作的重难点 3. 学生下课		在舞蹈中感受美、体验美 对身体和身心进行放松
场地器材	小篮球40个 标志桶30个 玲珑球80个 挂图4个		运动量曲线预计	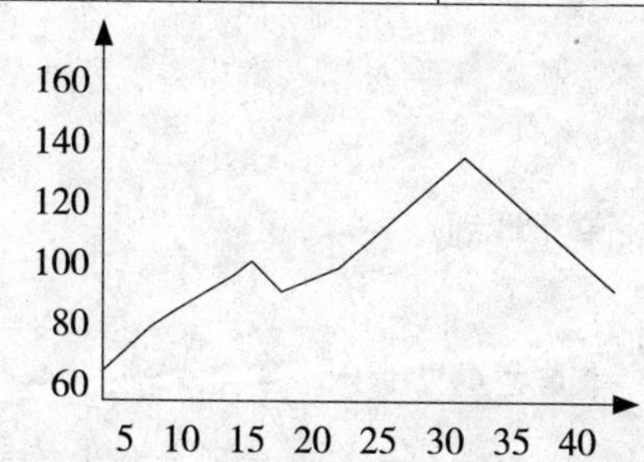			练习密集度预测 35%左右
课后小结							

教学案例10.5 障碍跑 / 牛东芳

一、指导思想与理论依据

本课以《北京市教委关于加强中小学体育课程教学意见》的相关精神以及"新课程标准"：以学生发展为中心，确保每个学生均受益为指导思想，以全面发展学生身心健康为施教目的，依据"人教版"五年级教材，从学生的认知能力；兴趣爱好出发，激发学生的学习兴趣，培养学生主动发现学习过程中存在的问题和解决这些问题的能力。为学生创设自主、合作学习的平台。

二、教学内容

本节课授课内容：障碍跑，版本："人教版"五年级。

三、单元计划

本单元共 2 课时，4 个课次。本课为第 3 课次。

第 1 课次：学习快速通过独木桥、绕过标志杆；

第 2 课次：学习跳过障碍物；

第 3 课次：学习跨过障碍物；

第 4 课次：运用钻、绕、爬、跨的方法通过障碍物。

四、教学背景分析

1. 教学内容分析

障碍跑是小学田径类跑的项目之一,三四年级教材中涉及的障碍跑要求学生30米灵巧协调地通过2~3个障碍，而在跨越障碍这一项教学上要求学生跨上水平摆放的垫子，五年级的障碍跑对学生的要求30米利用不同的方法安全、快速地通过3~4个障碍物，并能够在原有障碍物摆放的基础上进行创新。在跨越上的要求提出了要跨越一定高度的障碍物。随着年级的升高障碍物间的距离变短了，速度变快了。因此掌握过障碍的方法显得尤为重要。

本课重点是起跨点位置的准确，难点是过障碍与跑的动作协调连贯。

2. 学生情况分析

五年级5班学生性格开朗、活泼好动，表现欲和上进心强，他们对体育的兴趣比较浓厚，有强烈的求知欲。通过三四年级对障碍跑的接触，以及上节课绕、跳障碍的学习，学生有能力进行障碍跑跨的练习。因此教师采用了有效地引导、评价激发学生自主与合作练习的结合，从而达到改进障碍跑技术的目的。

五、学习效果评价

（1）学生经过练习了解跳过、跨过障碍物的方法与不同之处。

（2）经过练习能自已独立掌握起跳区域，逐步改进过栏动作协调性。

（3）在游戏活动中，能够相互配合克服困难，体现团结协作的精神，有集体观念。

障碍跑评价标准见表10.6。

六、本课特点

（1）器材的选用符合小学生的学习心理，且器材柔软、安全、最大限度地减少体育课的伤害事故。

表10.6　障碍跑评价表

组　别	失误次数	起跳位置正确，过障碍动作轻松、自然	位置较正确，姿势较轻松	位置基本正确，不够轻松、自然
第一组 ☆☆☆☆				
第二组 ☆☆☆☆				
第三组 ☆☆☆☆				
第四组 ☆☆☆☆				

（2）善于利用本班学生学习特点，采用圆形“一级方程式”的趣味形式，来提高学生学习的积极性。

（3）关注学生个体差异，区别对待，提高创新练习的能力。

（4）评价手段行之有效，能够使学生更好地合作练习，促进障碍跑技术的进一步掌握。

七、课时教学计划（见表10.7）

表10.7　体育课时计划

年级：五年级　　周次：第十一周　　课次：2　　日期：2010.11.2

教学内容：一、障碍跑　　二、游戏：大象球
教学目标： 1.100%的学生了解障碍跑过程中“跨”与“跳”的区别，80%左右的学生掌握障碍跑的技术。在游戏中发展柔韧、灵敏、协调能力并体验合作的快乐 2. 学生在合作学习中通过体验、讨论、实践、评价、游戏等方法巩固技能，逐步掌握跨过障碍的技术动作 3. 激发学生学习兴趣，消除怯弱、害怕的心理障碍，促进技能与情感的和谐发展

续表

部分	教学内容	时间	次数	教师指导过程	学生学习过程	组织场地要求	阶段目标养护措施
开始部分	一、课堂常规 1.体委整队，报告人数 2. 师生问好 3. 宣布课内容 二、队列练习 1. 三面转法 2. 向右转走	3分钟	1	1. 教师引导学生站队 2. 教师问好：“同学们好” 3. 教师宣布本节课内容： 障碍跑 游戏：大象球 4. 教师口令指挥 5. 提示队列要点	1. 学生面对老师成四列横队 2. 学生问好：“老师好” 3. 认真听讲，明白学习的重点 4. 队列练习一切听指挥 5. 根据提示及时改进动作	组织： ××××× ××××× ××××× ××××××  要求： 1. 精神面貌 2. 靠脚有力，上体不晃动 3. 动作整齐	培养学生组织纪律性
准备部分	一、一般性准备活动 自编拍手操 1. 四肢运动 2. 扩胸运动 3. 踢腿运动 4. 体测运动 5. 体转运动 6. 腹背运动 二、一般性发展练习 1. 活动手指踝腕关节 2. 提膝跳 3. 小步跑	7分钟	1 4×8拍	1. 老师带领学生做操，并提要求 2. 提示动作要领 3. 巡视指导纠正动作	1. 学生听音乐练习 2. 认真练习 3. 仔细观察教师示范	组织： ××××× ××××× ××××× ××××× 要求： 1. 动作舒展、协调、有力度 2. 口号声音洪亮 动作准确到位	调动学生积极性，充分活动各个关节，防止运动损伤 养护：踏步放松
	一、障碍跑 练习内容： 在快速奔跑的20~30米途中，运用已掌	20分钟	2	1. 复习旧知提示绕跳要领 2. 巡视 3. 提示安全教育语言引导尝试跨过	1. 学生复习绕、跳障碍物 2. 激发思维，注意安全 3. 体验	组织： 	充分发挥学生战胜困难的潜能

续表

部分	教学内容	时间	次数	教师指导过程	学生学习过程	组织场地要求	阶段目标养护措施
基本部分	握的绕、跳、跨障碍物的方法和技能，安全迅速地通过障碍物 教学重点：起跳位置准确（低、平、快） 教学难点：跨越动作协调连贯		5 8 4 6 2 1	障碍 4. 请学生表演、引导评价 5. 示范并传授跨的动作要领 6. 跨越栏架 7. 巡视、指导、纠正动作 8. 确定起跳位置 9. 提示引导学生练习 10. 增加高度按不同水平分组 11. 在栏中贴标志点 12. 加大难度圆形场地练习 13. 提示要领、巡视 14. 引导评价 易犯错误：撞倒障碍物 解决方法：教师讲清过障碍的方法，重心的转移	4. 学生积极回答问题跳与跨的不同 5. 观察对比教师示范 6. 将学生分4组体会动作 7. 注意动作要领 8. 选择适合自己的起跳线位 9. 注意要领 10. 针对性的辅导使用小栏架 11. 过栏位置准确 12. 创新合理摆放器材 13. 运用技术圆形接力注意安全 14. 学生间互评	**** **** **** **** **** 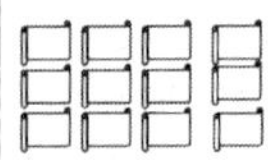 要求： 1. 体会动作要领 2. 注意安全	培养学生勇于挑战自我的优良品质 培养学生竞争拼搏的意识
	二、游戏：大象球 内容：把学生分成6~10人一组，围成一圈，双脚分开	8分钟		1. 老师讲解游戏规则 2. 组织各组站成游戏队形 3. 教师巡视指导，并纠正违规学生	1. 认真听讲，并体会动作 2. 分四组游戏，每组一个球 3. 学生练习游戏遵守游戏规则	组织： 	提高学生的灵敏、协调等素质

续表

部分	教学内容	时间	次数	教师指导过程	学生学习过程	组织场地要求	阶段目标养护措施
基本部分	站立，相邻的脚间无距离。双手紧握在前方，双手就像大象的鼻子，挡住来往的球 规则：如果球从双腿之间滚过、双手打开了，将惩罚该同学收起一只手			4. 教师加大游戏难度 5. 教师小结	4. 分两组每组两个球 5. 体会优点及不足		
结束部分	一、集合—整队—放松 二、点评学习情况 三、下课	2'	1	1. 教师带领学生做放松练习 2. 教师小结表扬与鼓励 3. 宣布下课	1. 小舞蹈放松 2. 掌握所学动作的重难点 3. 学生下课	组织： ★★★★ ★★★★ ☆☆☆☆ ☆☆☆☆ ▲ 要求： 动作自然，放松	充分放松肌肉、关节 养成活动完充分放松的好习惯
场地器材	录音机1台 栏架12个 绕杆16个 体操自制栏架8个 展板1个	运动负荷曲线预计		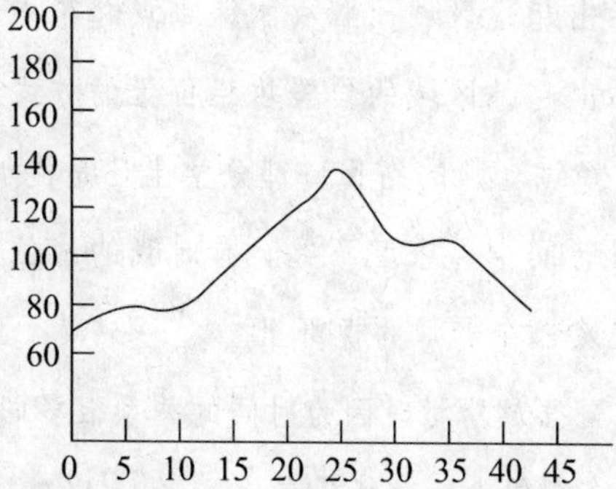			练习密度预计 35%左右

八、五年以下教师东兴杯教学大赛五年级《障碍跑》课后反思

2010年11月2日我参加了五年以下教师东兴杯比赛，上课的内容为障碍跑，上课班级是五年级5班。下面我就针对这次上课情况进行课后反思。

本节课的教学目标是使100%的学生了解跨过障碍物与跳过障碍物的不同，80%左右的学生掌握跨过障碍的起跳区域及技术方法。经过本课练习老师的引导学生确实区分了跳与跨的不同，因为本课只是学习跨过障碍物，不是学习跨栏，所以对过障碍的方法上我没有严格要求一定要怎么过。只是过障碍动作协调、过障碍与跑能够衔接紧密即可。我觉得除了本班级体形稍胖的5个同学不能跨过障碍物，其他人过障碍的方法都算流畅。学生们经过练习达到了我预设的目标。

学生过障碍时刚开始学生有胆怯心理，老师应该多注意、观察学生情况，因材施教，本着以学生发展为中心，教师为主导。充分发挥学生学习的积极性和学习潜能。根据学生的个体差异，确定学习目标和练习方法，比如：在对于过不去小栏架的同学进行跨较低的小横杆。从而使每个学生都能体验到学习和成功的乐趣。

本课教师积极引导、鼓励、表扬、组织比赛等激发学生的共同参与。利用提示线标出起跳区域，解决本课重点起跨点的位置。利用小栏架降低难度、贴出起跳区域的位置攻栏位置的方式解决本课难点过障碍协调、连贯。经过老师的纠正，部分学生还是能够改正错误的动作的，只是觉得练习时间少、密度不够。有时我的站位并不理想，学生练习时并不是所有人都在老师的视野里。

在学生独自摆放器材时因为时间的关系很多同学都没有体验到圆形场过障碍，我在组织上还有待提高。

东兴杯比赛结束了，它给我提供了展示自己的平台，大大提高了我讲课的能力，使我掌握了更多基本技能和方法！还记得在备战期间那些不眠之夜，那些反复修改勾勒的稿件。就是在这种紧张的氛围中促使我各方面的能力都提高了。

比赛仅仅是一种手段，但在赛后如何把理性层面上的认识实实在在地转变为课堂教学可操作的教学行为。如课堂学习目标的描述如何更具针对性和可操作性，如何体现学生学习方式的改变等，这些都是我在教学工作中应关注和解决的问题。在今后的教学中我要更多地听有经验教师的课，学习别人的经验，以补自己的短处。加强学习，拓宽知识面。教师的教学控制力和自身的知识结构有很大关系。如果知识面打开了，自信心增强了，教学过程中自然是游刃有余。我想通过自己的努力，点滴积累，总有一天自己会变成沉着冷静，又有底蕴有经验的“老”教师。

第4篇

聚是一把火、散是满天星的体育教师团队

体育教师的专业素养在很大程度上决定了一所学校的体育教学水平和体育活动开展的质量。史家小学的体育教师们各有所长，教师们擅长的涵盖了田径、手球、乒乓球、游泳、武术、篮球、健美操、击剑、网球、排球等项目。教师们不但能承担体育课的教学，而且能带领各种运动队，并在全国、北京市、东城区获得优异成绩。

在老一辈教师的带动下，在张欣欣主任的引领下，体育组形成团结、奋进、创新、争优的团队氛围，建立了扎实有效的教研机制，提升了教师专业素养和团队凝聚力。体育组讲奉献、能战斗，在学校组织的大型体育活动中默默奉献，带给学生快乐的童年。

第 11 章
一脉相承的优良传统

1991 年，史家小学正式提出“和谐教育”理念，在这一理念指引下，学校的各项工作力求做到人与人的和谐、人与知识的和谐、人与自身的和谐、人与社会的和谐、人与自然的和谐。在教师团队建设方面，经过 20 年的探索和实践，史家小学构建了一种开放、平等、协作、创新的教师文化氛围，学校教师在教育教学工作中不断诠释和表达着和谐教育理念，形成了优良的传统，为史家小学的发展注入了不竭的动力!

史家小学老一辈体育教师通过多年的探索逐渐形成了独特的教学特色，积累了丰富的教育教学经验，其中最具代表性的是体育特级教师——王仲生。王老师多年来致力于钻研小学低年级体育教学并形成鲜明的教学特色，被北京市教研部命名为“王仲生体育教学法”在全市推广。

第1节　寓教于乐，满堂生辉——王仲生的体育教学思想

王仲生老师在30多年的小学体育教学实践中不断学习进取，努力探索，逐步形成了自己的教学风格和特色，主要表现在以下三个方面[①]。

1. 以小学培养目标和体育教学大纲为依据，对教材进行再创造使之更符合儿童的年龄和心理特点

小学低年级是儿童接受学校教育的启蒙阶段。在这个时间的儿童易于接受他们最感兴趣的、熟悉的和富于童话色彩的事物。因此，王仲生老师将体育教材内容变成一定的故事情节，将教学过程创造成具有童话色彩的情景，这样可以提高儿童对教材的接受能力。他还将教学手段变成游戏的方法，使儿童在游戏中学到各种体育知识和运动方法，锻炼身体增强体质，这样，更适合小学低年级体育教学改革的方向。经过王老师创造后的教材，内容丰富故事化，教学过程情景化、练习方法游戏化，使学生从情感上乐于接受、能力上可以达到、形式上活泼有趣、使教学内容更加符合小学低年级儿童的认识水平，收到了比较好的教学效果。

自然界中的一切动物、花草树木、高山河流及汽车、飞机、房子等都是王老师可以利用的素材。他创编的“小猫钓鱼”“乌鸦与狐狸”“大白兔与大灰狼”“小鸭、小狗和小猫”等游戏教材，在“立定跳远”“跳远”“跑步”“持轻物掷远、掷准”“前滚翻”教学中都取得了很好的效果，使学生在学与玩中不知不觉掌握了主要的体育教学内容。

2. “以育人”为目标，重视体育教学中的多功能教育因素

王仲生老师上体育课时特别重视学生课堂常规的贯彻执行，从每个学生的课堂表现到动作技能的掌握；从课堂组织纪律方面到学生的个性发展，以

①摘自杜俊娟：“仲生老师教学艺术三议”，载于《体育教学》，1993年第4期。

及品质培养的严格要求与加强教育相结合，使孩子一入学就能和组件建立起良好的语言、行为规范。王老师教的体育课，教学过程自然流畅、严谨有序，教学语言生动形象，活泼有趣，再加上教学内容引人入胜的“故事化”“情景化”“游戏化”，使教学秩序活而不乱，能充分发挥教师的主导作用与学生的主体作用，并未每个学生提供充分表现自己、发展自己的机会，确实做到了体育教学既严格规范，又生动活泼，充分体现出寓教于乐。

3. 体育知识与技术传授相结合，同时重视学生智力与非智力因素的培养

王老师在体育教学过程中，结合教学内容有机地传授体育知识。例如：准备活动的意义，身体各部位的名称、动作的技术环节等都能结合教学内容适时地、有针对性地传授给学生，使学生不仅锻炼了身体，增强了体质，而且增长了知识，为小学生升入中学学习打下良好的基础。在教学活动中，王老师还经常结合练习方法、教学情境的变化、学生间的使用方式及教具的应用等方面为学生创造各种表现才能、发展个性的机会，促进学生的智力和非智力因素发展。例如，在教会学生学集中跳绳方法后，王老师就引导学生们自己去创造更多的跳法和玩法。这时，有的学生把绳当“蛇”，玩儿踩“蛇头”，套圈、赶马车、跳转盘等多种玩儿法，使学生自己创造出更多、更有趣的锻炼方法，以提高学生们自我锻炼能力。

案例分享11.1 王仲生老师与两个小游戏

王仲生老师是体育特级教师。他身形高大，气度威猛，往领操台上一站，像一座巍然屹立的铁塔。可就是这样一位老师，上起体育课来，却又是风趣幽默。

一上课，他就让大家开动脑筋想一想，看看谁能做到“低下头来望天”。这个小游戏激起了同学们的兴趣，一来二去，终于发现原来把身体折叠起来，再把头埋在两腿之间，就可以“低头望天”了——这么一来，前滚翻的准备动作就已经完成了。

接着，王老师让同学们和他比赛，看看谁能以最快的速度坐到面前的垫子上去。同学们有紧跑两步的，有做青蛙跳的，可是王老师做了个轻灵的前滚翻，结果第一个坐到了垫子上，让我们目瞪口呆。

就这样，一连串比较难学的动作，通过两个小游戏，让同学们于玩耍的过程中轻松掌握了。真有一种四两拨千斤的感觉，让人至今回味：兴趣是最好的老师。王老师激发了大家的学习兴趣，于是，再难学的动作也变得简单。

教学案例11.1 王仲生老师小学一年级体育教案

一、指导思想

教学要根据儿童的身心特点，为完成大纲任务，教材尽量采用游戏形式。每次课的教材内容安排，相对多一些，以全面的锻炼学生的身体。除完成“三基”教学和思想教育任务外，在教学中还应该注意“三个面向”的要求，发展学生的智力与进行美的教育，以及对能力、创造力的培养。不断探索教学的规律性。

二、课的设计

（一）开始部分

学生自然围站在教师身边，开始上课。目的是给学生以轻松、愉快之感，尽量减少对学生的约束力。课的内容是通过教师的启发引导学生们自愿讲出的。目的是从课的开始就使学生对课的内容感兴趣，由要我学变成我要学，提高学生的学习积极性与主动性。

（二）准备部分

（1）通过球操进行一般身体练习，同时通过双手交换球，使学生识别左右手。

（2）慢跑的动作要领（两臂曲肘向后摆，脚掌着地向前迈）以儿歌形式记忆，边跑边唱读。通过马步跑和跳步跑提高学生练习兴趣。

（三）基本部分

向地投小皮球练习是第九次出现，快速跑练习是第五次出现。投小皮球动作的协调性还差一些；快速跑出现的问题是：加速时跑姿势就有些改变，主要表现在摆臂动作上。

（1）向地投小皮球；动作要领（拿球举过肩，左脚放在前，身一侧就用力甩）以儿歌形式记忆。在练习过程中教师示范，巡视辅导，纠正摆臂前动作，请学生表演，通过评分来评价学生的动作质量。

（2）20米快跑按上一练习手段进行教学，并注意教会自然站立式起跑及掌握跑的一些知识（什么叫跑到、跑时不串道、起跑线、有力腿等）

（四）结束部分

（1）通过游戏“参观动物园”发展学生想象力和创造力

（2）通过舞蹈进行美的教育，提高学生的韵律感、协调性，使学生身心得到放松。

王仲生老师教案附后，见图11.1。

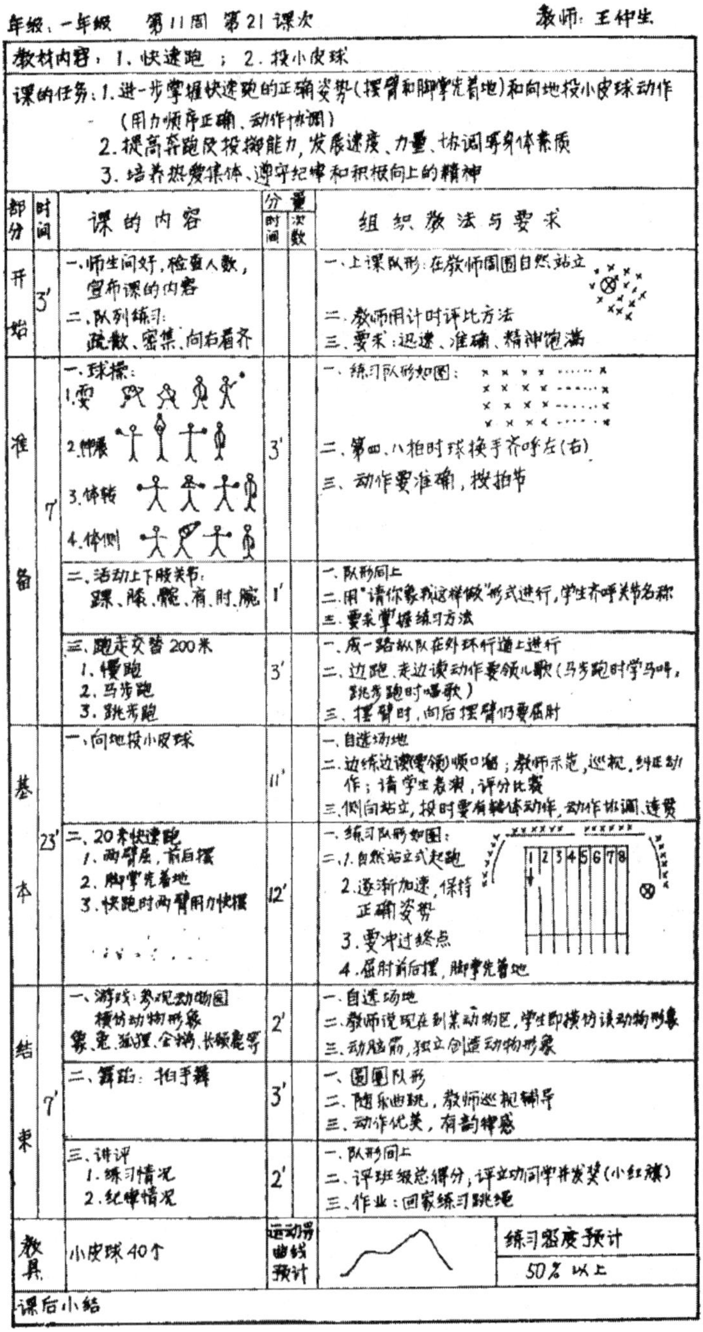

年级、一年级　第11周 第21课次　　教师：王仲生

部分	时间	课的内容	分量 时间	分量 次数	组织教法与要求
教材内容：1.快速跑；2.投小皮球					
课的任务：1.进一步掌握快速跑的正确姿势（摆臂和脚掌先着地）和向地投小皮球动作（用力顺序正确、动作协调） 2.提高奔跑及投掷能力，发展速度、力量、协调等身体素质 3.培养热爱集体、遵守纪律和积极向上的精神					
开始	3′	一、师生问好，检查人数，宣布课的内容 二、队列练习：疏散、密集、向右看齐			一、上课队形：在教师周围自然站立 二、教师用计时评比方法 三、要求：迅速、准确、精神饱满
准备	7′	一、球操： 1.耍 2.伸展 3.体转 4.体侧	3′		一、练习队形如图： 二、第四、八拍时球换手齐呼左（右） 三、动作要准确，按拍节
		二、活动上下肢关节： 踝、膝、髋、肩、肘、腕	1′		一、队形同上 二、用"请你象我这样做"形式进行，学生齐呼关节名称 三、要求掌握练习方法
		三、跑走交替200米 1.慢跑 2.马步跑 3.跳步跑	3′		一、成一路纵队在外环行道上进行 二、边跑、走边读动作要领儿歌（马步跑时学马叫，跳步跑时唱歌） 三、摆臂时，向后摆臂仍要屈肘
基本	23′	一、向地投小皮球	11′		一、自选场地 二、边练边读（要领）顺口溜；教师示范，巡视，纠正动作；请学生表演，评分比赛 三、侧向站立，投时要有转体动作，动作协调、连贯
		二、20米快速跑 1.两臂屈，前后摆 2.脚掌先着地 3.快跑时两臂用力快摆	12′		一、练习队形如图： 二、1.自然站立式起跑 2.逐渐加速，保持正确姿势 3.要冲过终点 4.屈肘前后摆，脚掌先着地
结束	7′	一、游戏：参观动物园 模仿动物形象 象、兔、狐狸、企鹅、长颈鹿等	2′		一、自选场地 二、教师说现在到某动物区，学生即模仿该动物形象 三、动脑筋，独立创造动物形象
		二、舞蹈：拍手舞	3′		一、圆圈队形 二、随乐曲跳，教师巡视辅导 三、动作优美，有韵律感
		三、讲评 1.练习情况 2.纪律情况	2′		一、队形同上 二、评班级总得分，评立功同学并发奖（小红旗） 三、作业：回家练习跳绳
教具		小皮球40个	运动量曲线预计		练习密度预计：50%以上
课后小结					

图 11.1　王仲生老师一年级体育教案设计示例

第2节　优良传统，一脉相承——王仲生体育教学思想的推广与传承

王仲生老师的体育教学思想得到了广泛的推广与传承，体育组现在已经先后成长了王老师的三代传人，从教学理念、教学方法等方面延续了老一辈体育老师的优良传统，老一辈教师也特别关怀青年教师，助力新一代教师的成长。

案例分享11.2　“大王老师”教学经验的代代传承①

教师一

我是1996年7月来到史小的，这是我一直向往的一个学校。毕业后分配到史小实习，那个时候班少，只有四位体育老师，其中有一位老师兼着副校长，他就是体育特级教师王仲生，也是史家小学重量级的人物之一，他还开过全国的现场会推广他的教学理念和方法。

实习结束后我幸运地留在史家小学，并有幸能跟大王老师接触，别人都非常羡慕我能在他身边工作学习。他的低年级教学很有特点，非常生动，在课上，大王老师备课备的很细致，他每一节课每一个环节都要有吸引孩子的地方。他教的是一年级，低年级的孩子注意力不容易集中，就是集中的话也是短时间集中，可能在5~10分钟，过了这个时间孩子的注意力就不会再集中到老师身上。但是大王老师会精心设计各种游戏，创设各种情境，他的课每个环节都有吸引孩子的地方，我从他的身上受益良多。

①摘自体育组教师访谈资料。

教师二

“大王老师”的方法不像常态的教育，比如普通的老师讲“跨越式跳高”时会在一上课就说“今天我们要学跨越式跳高”，那么孩子们就会想跨越式跳高究竟是什么样的，多难啊？大王老师就不是这样的，他先教会孩子如何跳，最后再告诉你今天我们学的是什么。

王老师的课也能做到因材施教，在他课上不会出现“后进生”，那些淘气的孩子也愿意上他的课，也会有特别好的表现，这是因为王老师上课注重激励学生。比如，我印象特别深的，我们的每节体育课都分开始—准备—基本—结束 4 个环节，大王老师每到结束部分的时候，都会巧妙设计，比如今天是 13 班上课，他就问“13 班的乐队来了没有”，孩子们就说“来了”，而且模拟小乐队的样子，开始奏乐。整个班里的气氛就活跃起来了。然后大王老师就说:“好，今天我宣布 A 同学获得什么奖，这节课表现得很好，到前边来。“其他同学就继续吹吹打打营造乐队的效果，很热闹。请几个表现特别好的孩子，往往请到的这些孩子都是一些平时表现不怎么好，但是稍微有一点进步的，王老师这么做就是给他们一个激励，希望他们以后能表现得更好。然后给他们一些小的奖励，或者握手，或者哪怕一个很小的动作，比如用大拇哥在孩子脑门上按一下，孩子就感觉特别高兴。这一节课就很欢快的过去了，所以孩子们非常喜欢他。

不管是在课上还是课下，他和孩子们的关系都非常融洽，老师们每次在课间和大王老师见面都会跟大王老师击掌，这是我印象很深的。

大王老师在指导青年教师方面，也是非常地认真负责，我刚到学校时，他经常听我的课，和我一同备课。记得有一次，我上完课后自已觉得挺满意。下了课后推开办公室门我还没坐下，门就开了，大王老师进来了说，“我给你说说课”，然后他就针对我上课出现的问题进行讲解，列了好几十条。

教师三

我一毕业开始当老师时，我师傅是特级教师王仲生，当时好多其他学校的老师没有师傅，他们是通过几十年的摸索才逐渐提升教学水平，而我有幸和王老师学习，跟他学习少走了很多的弯路，走了不少的捷径，师傅把他的经验从我第一年来就逐渐地传授给我，现在感觉非常幸福，给我提供了一个很高的平台，得益于王老师的指导，当我28岁的时候就已经是中学高级了。

教师四

我的师傅就是大王老师的徒弟，说起来我是大王老师的徒孙。我师傅和大王老师相处的时间比我长得多，他现在是中学高级教师，而且是北京市的骨干。我认为他的一些想法和做法也是延续了大王老师的方法，然后在他的基础上丰富了一些理念。去年春节我们还和我师傅一起去看了大王老师，这也算是一个传统。

从上面几位老师的谈话可以看出，特级教师王仲生老师的教育思想、教育艺术，哪怕是一个个具体的教学案例都深深地影响着后来史家小学的体育老师们，老一辈史家体育教师在教学实践中形成的优良传统，得到了不断的传承和创新，推动着学校体育教学质量的提升。

案例分享11.3 要让孩子们喜欢上体育课——王仲生老师回校指导青年教师

2008年3月20日，王仲生老师抱病回到史小低年级部，分别听了青年教师刘延光、徐礼峥的体育课，并在课后进行了细致入微的点评。

大王老师（史家人对王仲生老师的爱称）在评课时指出小学体

育教学的核心就是让孩子们爱上体育课，让孩子们在课堂上多玩、多做体育游戏。通过这些培养学生的德行，掌握体育技能，提高身体素质。

值得一提的是，今天做课的两位青年体育教师已经是大王老师的第三代传人了。低年级部洪校长提出：要努力继承和发扬大王老师的特色教学法，通过让孩子们喜欢上体育课从而达到让孩子们从小就具备热爱运动、热爱生命、自觉锻炼身体的意识以及积极向上的健康生活态度等目的。

专心致志地观察课堂

王仲生老师在讲课

王仲生老师与年轻教师交流

王仲生与洪伟书记、教师们合影

图 12.2　大王老师回史家小学指导青年教师

第 12 章
互助和谐的团队文化

教师团队文化是学校文化的重要组成部分，是教师价值取向和观念意识的高度整合。孤立的教师文化不利于教师的专业发展，而基于团队的、合作的、积极向上的教师文化对于教师的成长、学校的发展，都起着有力的推动作用。

经过 20 年来的探索和实践，史家小学形成了一种团结、奋进、创新的教师团队文化，在体育组，教师之间能够彼此尊重、真诚交流，在生活中互相关心，在教学方法和运动专业技能方面互相切磋、探讨，每位体育教师都有充分表达自己想法的机会，在民主、团结、和谐的氛围中共同创造、继承、发展着史家小学的和谐教育理念。

第1节　团结——相互关爱，团队作战

史家小学体育组的各位教师，在个性特点、教学风格等方面对存在差异，

但是史家小学强调“尊重差异，兼容并包，团结互助”，通过不同教师之间的交流合作，每个人都可以取长补短，丰富自己的生活，优化自身的教学，这也是史家小学实现和谐教育的一个前提。而且在体育组里，大家能够不计个人得失，主动关心和帮助同事，到处可见和谐、团结友爱的氛围。

史家小学的氛围非常和谐，不只是教师之间、干群之间、教师与家长之间、教师与学生之间的关系非常和谐，教师与保洁人员、食堂工作人员、修理器材的师傅的关系都非常友好。在学校里大家都是一起为学校服务。有时候体育教师在操场上上课，门卫的阿姨就站在旁边学习。低年级部体育组有一个水壶烧水时发出很大的声响，门卫的阿姨把自己的水壶和他们交换，以免响声影响他们的工作。

教师们都非常谦和，为他人着想，在这个包容的环境，允许各种各样个性的教师存在，大家的目标还基本一致。即使有些教师刚开始不善于包容，在大家影响下，自己可能也会改变，教师们互相包容，互相尊重。

案例分享12.1 热爱源于点点滴滴的感动

史家小学体育组的每位老师都对体育组、对学校有着强烈的归属感，他们热爱着自己的学校，而这份热爱源于同事之间相互的关爱，源于日常生活中那点点滴滴的感动。

一位老师说到:“我刚到史家小学实习的时候，感觉特别累，白天要上体育课，晚上要带游泳课，早上还要带早操，身体累但是心里却特别地开心和满足，因为虽然身为实习生，但体育组的教师从来都没有把我当外人，都特别关心我，每次活动都会想着我、带着我，而且在教学方法和为人处世方面对我指导和提点，促进了我的快速成长。现在我留下来当老师了，更深刻地体会到了老师之间的关爱，前段时间又来了两个实习生，最后实习结束都不想走了，因为带实习的老师特别负责，认真地听课和反馈，实习生可以学到东西。而实习生对老师们也特别好，给我们的老师买金嗓子、护手霜，说体育老师每天在户外风吹日晒的，也没时间护理，需要抹点护手霜。东西虽小，但这份情义却暖人心田。”

“平时有事儿大家都一起商量，谁有教学上的困难，大家都一起出点子，一起讨论解决。”

“我是个特开朗的人，要是哪天在办公室蔫儿了，不说话了，同事们就会过来很关切地问我怎么了，遇到了什么事儿，那种关心真是体现在生活和工作的点滴之中，让人觉得在这个集体当中，热别地温暖！”

如果史家小学的一位教师要去区里或者市里做课，他绝不是单兵，而是体育组全组的教师在贡献智慧，出谋划策。在准备过程中，每个教师都发挥自己的特长，青年教师帮忙做教具，有经验的教师帮助做课教师丰富教法、突出亮点……即使同时有几个老师都要参加一个比赛，彼此之间还是会互相帮助，毫无保留，通过这样的过程，组里的每个老师都有提高，做课的老师也会强烈感受到自己背后的团队支持，最终取得优异的成绩。

案例分享12.2 举办万人运动会，我们一起“战斗”

2011年史家小学在奥体中心举办了一次万人运动会，由于规模较大，体育组的老师进行了大量的前期筹备工作，在整个活动的筹办过程中，我们体育组的教师们充分发挥了团队精神，众志成城，一同“战斗”！为不影响课堂教学，老师们都是利用课余时间来准备，教师组共同研讨入场式、开幕式节目、各环节的衔接、运动项目的编排、教练的设置等细节问题，对每个环节都透彻讨论，精益求精。那段时间，没有任何人会顾忌工作量，只是众人一心，齐心协力地想要干好这件事。很多个晚上和周末大家都在加班，到最后都不知道什么叫累了。最后运动会圆满成功，我们每个人心里都特别开心，之前的辛苦付出都得到了回报，而且在这种大型活动的筹备过程中，老师们也经过了很多历练和成长，有很多的收获。

第2节　奋进——不断提升，追求卓越

史家小学的体育教师都体现出一种敬业奋斗的精神，在工作中不断提升自我，追求卓越。体育组的教师多次代表学校参加全国、北京市组织的学习培训并以优异的成绩结业。学校教师参加东城区第三届五年以下教师基本功大赛有 3 名老师获得区一等奖，4 名教师获得二等奖，4 名教师获得三等奖，这样的优异成绩离不开每一位老师的钻研、努力和奋斗，更源于一颗“奉献教学、追求卓越”的心。

万人运动会一、二年级的学生表演的节目是《八卦图》，让学生短时间内练出八卦的形状非常不容易，演出场地还不是经常练习的场地，演出前几天下雨，大布上画的小点已经看不见了，在正式表演前学生们也没走过场。结果，效果让全场非常震撼。这些都是教师在周六、周日训练的结果。

史家小学的一位体育老师说：“中午时间练，毕竟时间不是特别多，你又不能耽误自己的上课，学生该上的课你不能耽误，那只能牺牲自己的时间。因为自己责任，因为学校交给你任务，是信任你，这是你需要做的，你要做就得做好了，要么就不做。大家都追求卓越，而且特别不惜利益，也不管分内分外，这已经变成一种习惯。”

第3节　创新——勇于创新，锐意进取

创新教育作为新世纪的一个战略性课题，日益成为学校教育教学活动的主题。教师作为学生的启明星、领路人，作为教育活动的组织者和领导者，必须要有创新精神。没有创新型的教师团队，就不可能培养出创新型的学生。体育组的老师在教学以及其他各项工作中肯动脑子，总是会有一些新鲜的点子，能够以创新性的理念和实践提升体育教学的质量。

首办小壮壮运动会，让小胖子们也喜爱体育！

2006 年，史家小学专门为东城区的小胖子举办了“小壮壮运动会”，东城区 46 所小学的近 600 名体重超标小运动员报名参赛。我们通过这个活动是想让孩子明白并不是胖就与体育无缘，小胖子也可以快乐地参与体育运动。针对小胖子们的体质特征，我们经过多番研究，确定了能展现小胖墩优势的体育运动项目，如掀轮胎、拉汽车、骑球前进、搬物障碍跑、步调一致、踏石过河、沙包投准、拔河等，所有的竞赛项目都有趣味性、游戏性，能吸引小胖子们参加体育运动，这次活动在东城区乃至北京市都是首创和先例，是因材施教、提高全体学生体质的一个范例。

这次运动会中，形式新颖的运动员入场仪式吸引了所有观众的目光。一个个精神抖擞的小运动员穿着五颜六色的衣服，和着节奏明快的节拍，

图 12.1　小壮壮运动会

或在轮滑鞋上翩翩起舞，或敲着花鼓，或吹起管弦乐，再加上彩带、鲜花、篮球、和平鸽、奥运五环、中国龙等等饰品，将整个运动场装扮得五彩斑斓。运动员出场仪式结束后是开幕式表演，整齐划一的体操表演、热辣火爆的篮球表演、活力四射的健美操以及刚柔相济的武术表演，每一项表演都让人目不暇接，观众不自觉地和着节拍鼓起掌来。

我国奥运会第一枚金牌获得者许海峰为运动会鸣响了比赛第一枪！五大学区代表队进行了入场式表演，小运动员们兴致勃勃地参加了共八个项目的比赛，平时不爱锻炼的小胖子们被吸引到运动场上来，展现了他们的风采，增强了体质。

举办“迎奥运集邮知识大讲堂”，另类方式让学生了解奥运

2007 年 11 月 12 日，史家小学联合东城区少年宫以及北京市青少年集邮协会组织了“2007 迎奥运集邮知识大讲堂”活动。活动邀请了北京市集邮协会委员集邮教育家结合奥运主题邮票给同学们上了一堂生动的奥林匹克历史课。讲座结束后，同学们一起观摩了吴殿卿老人几十年积攒的、有许多中外奥运名人签名的珍贵奥运邮票。最后同学们在迎奥运邮票万米长卷[①]上签名，表达了热切盼望奥运的心声。

图 12.2　迎奥运集邮知识大讲堂活动

①邮票万米长卷由首都博物馆收藏。

第13章 各具特色的教师风采

东城区教育研修中心教研员马龙说:“史家小学的和谐教育有巨大的吸引力和凝聚力，把各类体育人才汇集在学校，教师们各有所长、年富力强。”

体育教师教学水平跟不上与学生需求发展的矛盾始终存在，甚至是影响体育教育发展的主要矛盾之一。打造一支素质优良、结构合理、专兼结合、特色鲜明的高水平教师队伍是提高人才培养质量的关键。史家小学一向注重教师队伍建设，在体育教师的选拔与任用上，学校力求做到高标准、特色化和多元性，体育组的每一位老师各具特色，以各自独特的魅力赢得了学生的喜爱和尊重。

“健康第一”体育教育理念对体育教师的素质提出了很高的要求。体育教师不但要满足国家体育课程所要求的基本素质，还要求具备很强的组织协调能力、研究能力、沟通交流能力。为了满足学生个性化和多样化的发展需求，体育教师最好具备一项或几项体育专长。正如前面所说，体育教学内容要打破过去以竞技运动项目为主线的教学内容分类方法，选择内容时要以适应现代社会生活方式变化和满足学生健身、健美、娱乐为宗旨，安排有丰富文化内涵的运动项目。健美操、击剑、游泳等校本课程或体育课外活动的实施，无疑会丰富学校体育的内涵，更好地为学生一生的兴趣和习惯甚至生活品质奠定基础。

从东城区来说，史家小学的体育教师队伍人数是最多的，共有23名体育教师。其中男教师15人，女教师6人。党员人数7人，占全组的30%，组内有市级骨干1人、区校骨干各1人、教研员2人。有小学中学高级教师职称的3人，小学高级教师4人，组内教龄最长的35年，最短的1年，他们的专长也是涵盖了多种体育项目。其中游泳健将3人，手球健将2人，武术套路一级运动员1人，田径一级运动员1人，排球二级运动员1人，体操二级运动员1人，田径二级运动员6人。这些教师基本都是专业背景，没有其他专业过来教体育的，对体育都是了解的，全都是专业的。2012年参加东城区基本功考试和北京市的教师基本功培训，教师的成绩都是数一数二的，专业技术绝对过硬。我们的教师当中，有的教师擅长手球，曾是北京队手球队运动员；有的教师擅长武术；有的教师擅长田径，百米跑、跳远的运动技能水平很高，比如藏老师在东城区选拔赛中获得跳远第一名；有的教师擅长游泳，曾是国家游泳队的队员，篮球也很棒，她带的学校篮球队参加北洋市的比赛获得前三名的成绩；有的教师擅长跨栏；还有的教师擅长健美操，牛东芳老师带的健美操队获得全国大赛的第一名。

史家小学体育教师在各类市区级培训中担任指导教师任务。近三年来史家小学有22人次获全国、市、区各类教学大赛一、二等奖；做各级各类研究课、公开课、督导课、开放课200多节。教师们还积极撰写论文，获得市、各项论文评选中一、二、三等奖30余篇。东城区正在举行的五年以下青年教师基本功大赛中，就足以说明史家小学体育教师的课堂教学能力，全区26人进入最后决赛，史家小学就有7人入围。规范的课堂教学，有效的课堂教学手段使学生体育成绩大幅提高，以上学年为例：全校学生体育课成绩优秀19%、良好65%、及格13%，及格率达到97%，学校学生身体素质得到了整体提高。

第1节　组建专兼结合的多元化教师团队

学校体育教师队伍主要由学校专任教师和外聘专业教练组成，不同类型的教师优势互补，各取所长，为学生体育技能的培养提供了多方位的指导与支持。

1. 选拔优秀专任教师，保证体育教学质量

在选聘教师方面，史家小学非常慎重，学校认为体育教师的基本素养，要从品德、悟性、专业等方方面面来考察，老师爱孩子是第一条，而且在教学方面要有见解。

每位专任教师都有一项或多项体育特长，除常规体育课外，还承担校本课程、课外兴趣班、体育运动队的教学，涵盖多个运动项目，包括游泳、击剑、篮球、乒乓球等。专任教师的体育特长、先进的教学理念和方法以及丰富的教学经验成为学校体育教学质量的重要保障。

勇夺冠军，展现体育老师的风采

2011年5月17日下午，史家小学篮球协会在东城区教职工篮球三对三比赛中勇夺片内冠军，并以小组第一的好成绩出线。比赛过程紧张激烈，精彩纷呈，队员们配合默契，把各种进攻防守技战术运用得淋漓尽致。

2010年10月19、20日，东城区第一届青年乒乓球团体挑战赛（教育系统分赛区）在地坛体育中心综合馆举行。史家小学男子乒乓球队由孙雷、汤柳、刘禹老师代表出赛。女子乒乓球队由魏颖琳、闫春芳、李婷婷老师代表出赛。在比赛中，老师们面对强敌，奋勇拼搏，充分展现了史家小学青年教师的活力与风采。在11分制的乒乓球比赛中，竟然打到了23、24分，仍不放弃！最终，史家小学男女乒乓球队双双进入区前6强。比赛虽然是劳累的，但老师们“以乒结友”，收获了快乐与友谊。

2. 聘请高水平专业教练，提升体育教学的专业性

在专任教师之外，我们体育组还聘请了专业教练，对学生进行更加专业的体育技能训练和培养。面对专业的教练，学生的学习兴趣更加浓厚。在外聘教练中，学校还专门聘请了一部分外教来上篮球课，这些外教上课时活力四射，而且鼓励学生用英语和自己交流，大大提升了学生对篮球运动的兴趣，同时也提升了外语水平，拓展了视野，取得了非常好的效果。

聘请篮球外教，成立优肯篮球训练营

2011 年 7 月 8 日，史家小学优肯篮球训练营开营仪式在史家小学篮球馆举行。史家优肯篮球训练营由史家小学俱乐部和优肯国际俱乐部联合主办，聘请了多位资深篮球外教，为学员们量身定做了符合学生年龄特点的篮球课程，并以寓教于乐的教学方式，让同学们在玩中学，学中玩，提高篮球水平的同时，提升英语口语能力，养成锻炼身体的习惯和意识。国家体育总局篮球运动管理中心竞赛部白喜林部长和国家男子篮球队教练、著名篮球运动员李楠为开营仪式致辞，预祝训练营圆满成功，并为学员们颁发纪念奖牌。张欣欣主任表示希望通过举办篮球训练营，让同学们能更系统学习篮球，并把篮球的团队、协作精神转化成日常行为。同时，学校还将以篮球为纽带，同在京国际学校、海外学校进行定期篮球文化交流，让篮球文化成为史家小学校园文化重要组成部分。

3. 构建专兼结合、优势互补的师资队伍

专兼结合的体育教师队伍为史家小学的优质体育教学奠定了基础，教练拥有专业的、高超的运动技能，能够组织学生进行更加专业的体育训练，但有时缺乏教育教学经验，其传授技能的方式不容易被学生接受，因此教练需要与学校的专任教师合作，共同探究更加有效的教学方式和学生管理模式，双方通过优势互补，为学生提供了更加优质的体育教育，保证教学的专业性和科学性。

史家小学的体育教师各具特色，有部分教师已经出版了教材，见表14.1。

表14.1　　2009年体育老师的论文发表、专著、教材出版情况列表

序号	论文（专著、教材）名称	作者	发表（出版）日期	发表刊物（出版社）名称
1	形体教材	谷莉　牛东芳 张冉	2009.9	中国少年儿童出版总社
2	乒乓球教材	孙文武　刘延光 李大明	2009.9	中国少年儿童出版总社
3	游泳教材	刘悦　董思屏 刘禹	2009.9	中国少年儿童出版总社
4	手球教材	张东海　金帆 徐礼峥	2009.9	中国少年儿童出版总社

第2节　展现体育教师特有的魅力和风采

体育教师是这样一群人，他们是生命运动的舞者，他们充满激情、阳光帅气、活力四射、“身怀绝技”，与其他学科的教师相比具有非常明显的特点，其特有的精神面貌、体育技能、教学风格往往会强烈地感染学生，对小学生形成潜移默化且非常深刻的影响，构成了体育隐性课程的内核，以其独特的魅力发挥着有字教材和显性课程无法取代的教育价值，对激活学生的运动热情，促进其身心全面发展具有重要意义。

1. 亲和力——做孩子们的朋友

热爱户外体育活动是小学生的天性，而体育教师的性格相对比较活泼、开朗、幽默，课外喜欢与体育教师相处，也是小学生的心理特征之一。体育教师对小学生而言，有一种天然的亲和力。体育组的老师们也非常关心学生，注重倾听学生的心声，与孩子们建立了深厚的感情。很多学生在

校园碰到体育老师，都会开心地上前抱住老师，表达自己对老师的喜爱。

2. 示范性——做孩子们的榜样

教师在引导学生认识周围世界时，自己也作为周围世界的一个重要成分出现在学生面前，学生不仅从教师那里学到知识和技能，还学到做人的道理和态度。

在体育教学的过程中，教师的动作示范是常见的教学手段之一，学生自然将体育老师视为学习和模仿的对象，而且这种模仿延伸到了体育课堂之外，体育教师出现在每天的早操、兴趣班、运动队、大课间等多种场合中，而且还是各种大型活动、运动会的重要组织者，与学生有很多的接触，对学生有很多潜移默化地影响。因此，体育组的老师都竭尽全力，以身作则，行为示范，通过体育课教学、运动队训练、课外体育辅导、体育竞赛组织等工作，把认真严谨、拼搏进取的精神，诚实守信、吃苦耐劳的品质传授给学生，力争成为学生学习、生活的榜样。

史家小学的教师非常专业和自律，不在学生面前开玩笑，教师之间不直呼姓名。没有人听课，教师的常态教学也必须规范，从着装到举止，从教学过程的组织到教学语言，都必须规范。在操场上，绝不会有背着手、叉着腰的体育教师，要求学生立正姿势，自己也要保持立正姿势。教师不但要注重言传，更要注重身教。

3. 号召力——做孩子们的引领者

体育老师所拥有的精湛的运动技术、健美的形体、独特的内在气质，在体育教学中能给学生非常具体的直观的美感形象，可以引起学生的崇拜心理，激发学生的学习兴趣，会对小学生产生较大的吸引力和号召力。体育教师认识到了这样的育人优势，通过教学，使学生在运动中产生饱满积极的情绪体验，获得一种澄净明朗的美好心境，使烦闷、消极、悲观得以消除，引领学生热爱体育，热爱生活，追求身心和谐，建立健康向上的生活方式。

第3节 发挥管理者的引领作用

史家小学非常重视学校体育工作，为了高效的开展工作，学校成立了完整的组织管理机构，责任到人工作到点。体育工作领导小组的架构是：王欢（校长）负责→范汝梅（副校长）主管→张欣欣（主任）主抓→体育组（落实）。

体育组的主任张欣欣老师，身先士卒，以身作则，带领全体教师践行史家小学的和谐教育理念。

作为一名体育老师，张主任是所有老师的表率。他现在是中学高级教师，北京市教学骨干，在各项教学比赛、论文比赛中都有突出成绩。他在完成各项管理工作的同时还兼课，亲临教学一线，把握一线教学的规律，给老师评课的时候，言之有物，切合教学实际，发挥了体育组在区里和市里的排头兵作用。在北京市数字名师同步课堂活动中，张主任是团队的备课组指导教师，他负责田径领域，总是能毫无保留地认真指导，在区里和市里都树立了威信。

作为一位管理者，张主任能够根据不同老师的特点创造适合他们的学习发展机会，比如请教研员和知名老师来一起来为新教师评课，帮助新教师成长，对教龄30年左右的老教师，则鼓励他们参加教学计划或教案设计的评比等活动。同时，张主任还积极做好和市里、区里的联络工作，应用承办教学研讨、论坛等形式把外校的好经验在本校之间展现出来，为教师学习提供了好的平台。在生活上，他对老师们的关怀也是无微不至，关心每一位老师的工作状态，并在需要的时候伸出援手。

第 14 章
扎实有效的教研机制

第1节　明确教研活动的目标和意义，促进教师专业发展

体育教研组开展教研活动的目标是：实现教师专业发展，提升体育教学质量。

“教师专业发展”是教师在整个职业生涯中，通过终身专业训练和学习，在专业思想、专业知识、专业能力等方面不断发展和完善的过程，即从新手到专家型教师的过程。教育是充满复杂性的一项活动，它有章可循，“教学有法”但“教无定法”，教师要实现专业发展，需要经过长期的工作，积累教学经验，在学校教育场景中，教师经验的主要来源有三，如图 14.1 所示。

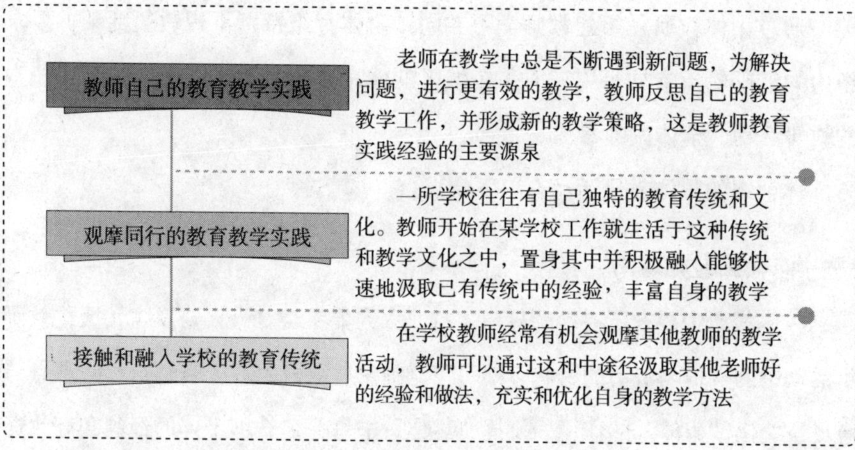

图 14.1 教师经验主要来源

教研活动是帮助教师观摩同行教育教学实践、接触和融入学校的教育传统、反思自身教育实践的重要途径，教研活动开展得经常与否、有无成效，直接关系到学校体育教学质量的提高。同时搞好教研活动还是团结教师，集思广益，交流经验，实现教师专业发展的重要途径，是每个体育教师专业化发展不可或缺的环节。因此，体育组鼓励教师将教研活动作为一种习惯，把每一次教研活动看作是一次机遇，参加一次，珍惜一次，反思一次，提高一次，让教研活动成为有效的教学探讨。

第2节　开展丰富多彩、扎实有效的教研活动

目前，同行互助（peer coaching）是不少国家采用的教师专业发展的策略，即教师组成团队，通过共同学习与讨论、示范教学、课例研究，特别是有系统的课堂观察与反馈等方式，学习并彼此分享新的知识、改进教学策略，进而提高教学质量，并促进自身的专业发展。

通过集体教研，组建教师学习共同体。体育组特别重视教研活动，要求组内的老师轮流参加每周三下午东城区的体育教研活动，周四上午开展校本的教研活动，全体教师参加。

体育组的集体教研活动有以下特点。

1. 强调教师参与

校本教研中要求所有教师轮流主持，人人要参与，人人要发言，淡化教研组活动中的身份与资历的影响，使每位老师畅所欲言，敢于表达自己的观点与意见，突出“集体”的作用，发挥“集体”中每一名教师个体的经验和有效资源，通过相互间的交流、学习、启发和探讨，更新教学理念，提升教学能力。

2. 合理制定教研内容

校本教研的内容根据近期体育教学工作和学校工作而定，主要包括以下方面。

（1）参加东城区教研活动的教师，在校本教研会上分享看课的收获和感想。

（2）指定教师上示范课或观摩课，课后教师集体评课。

（3）根据教学进度集体备课。

（4）开展教学专题研讨学习等。

体育组外出参加教研活动或者其他各项活动，别的学校的教师坐得零零散散，史家小学的体育教师总是坐在第一排，全组 20 多人坐在一起，一起记笔记，一起讨论。他们觉得自己代表的史家小学教师的整体形象。

第3节　重视青年教师的培养

青年体育教师对教学理念的领悟和实施都有一个学习内化的过程，体育组鼓励青年教师在集体教研活动中积极发言，提出自己在教学方面的疑惑与困难，由其他教师共同探讨解答，充分发挥优秀教师的引领作用，弥补教师发展不平衡的缺陷，缩短青年教师的成长时间，使青年教师更快地融入集体，提升教学能力，形成自身的教学风格。

体育组近几年来引进了很多年轻教师。他们全部来自北京体育大学和首都体育师范学院。为了提高年轻教师的教学质量和教学经验，学校很重视对新教师的培养，专门制订了培训制度，对待三年以下的新教师实行师徒帮带计划。对三年以上五年以下的教师实行帮对计划，帮队之间互相听课20节。不管是师徒还是帮对，听完课后必须当时进行反馈，授课人要及时写课后反思。为了拓展年轻教师的学习领域，学校积极为他们搭设学习平台，创造提供一切培训机会，例如：参加国家体育总局、教育部共同举办的全国优秀师资培训班；社会体育指导员的培训班；高尔夫球培训；趣味田径社会指导员等等。学校年轻教师代表多次参加全国、北京市组织的学习培训并以优异的成绩结业。参加东城区第三届五年以下教师基本功大赛有三名老师获得区一等奖，四名老师获得二等奖，四名老师获得三等奖的好成绩。

年轻教师入职第一年，从教案编写，到学年计划、学期计划制定，都不知道从何处入手。师傅几乎是手把手地把年轻教师从入门，到胜任，再到成熟。从总学年计划、学期计划，还有教案怎么样写，如何确定三维目标，从头到尾都是一个环节一个内容地详细讲解，讲到教师从头到尾能自己设计下来了的时候，师傅就可以暂时放手了。师傅的职责变为定期的检查你的教案。比如什么节气上什么课，这个内容要安排几节课，都要告诉教师，师傅还经常听课，帮助提高年轻教师的课堂教学能力。

案例分享14.1 青年教师是这样成长起来的 / 牛东芳

刚开学的时候，写教学计划，写教案那阵子是我最难熬的时候，因为我刚刚参加工作，所以很多东西没有思路，总是问一次记不住，不理解，后来会觉得自己很笨拙，可以说是很烦恼，那段时间里办公室每一位老师都会不辞辛苦，不管是老教师还是新教师只要问到了都会毫无保留地给我讲解，有的时候下了班还要给我再讲上几句，他们耐心地一遍一遍地帮我整理，教我怎么写。让我少走很多的弯路，并很快进入了工作状态。

每个周二的政治学习，都会有不同的主题，比如老教师谈和孩子共成长的经历，比如教师共同学习十七大的精神，比如健康促进校的动员工作等等，在这些严肃的主题背后流露出的，是每个老师对史小的奉献精神和一种积极的态度，这种共同为孩子、为史小而努力的和谐气氛，在默默地感染着我们这些年轻教师，让我们对工作的态度，有了新的理解和认识。

2008 年 9 月 10 号，是我平生过得第一个教师节，也是最难忘的。还记得那天真的像老舍小说里写的那样，白花花阳光，让人睁不开眼，在我们张欣欣老师和赵杰老师的带领下，在孙老师的指导下，全体人员从一点多开始画操场，一直忙碌到六点，开始大家还忙里作乐，开个玩笑娱乐一下，可两三个小时过后每一个人都不见了往日的欢笑，保存实力，低头苦干。就连休息都只是在操场上。师傅张欣欣老师为我们买来了冰水，大家互相勉励着，2000 个点在我们齐心协力下完成了。

前一阵子体育组几位老师参加东城区体育课展示，其中有刘悦老师，因为我俩都住宿，所以对那期间发生在她身上的事，我还是深有感触的。那时候她经常晚上备课到很晚，当有新的想法或者不明白的问题的时候，她总是很兴奋。到了白天，她会把想法和问题提出来，这个时候，体育组的每个老师就会放下手里的活，热情地跟刘老师探讨，直到讨论出结果为止。大家都在积极地帮她出主意。印象最深刻的是我师傅张欣欣和赵杰老师，下班后他们总是帮我们组4个参赛老师备课到很晚，有时候晚饭都不吃。体育组每个人都很热心，一个人做课，大家都会去操场上来帮忙，无论寒冬立夏，有时候给我的感觉真的更像是一家人！这不是为了和谐说和谐，而是我内心真实的想法。

最近学校接收了纪检委老师的检查，体育俱乐部的工作原本就很有序，组内领导为了锦上添花，周六日也要我们来加班，没有人有怨言，因为我们明白俱乐部不是个人的，而是集体的，它需要我们来维护、来充实、来付出。虽然我们体育组老师的课多，有早操、有晚班的，就想借着周六日休息，但是没有人偷懒，大家都勤勤恳恳地去干。

还有是体育组的卫生，所有的体育工作，党员起到了模范带头作用。他们对工作的执著和热情在默默的感染着我们这些年轻的教师，让我们对工作态度有了新的认识。

第4节　乐于分享个人经验

现在很多学校中，教师都是“你备你的课，我教我的书”，每个教师“单兵作战”，而且过于强调教师的竞争，优秀教师大多不愿把成功经验与他人分享，教师之间的观摩学习、交流往往流于形式。但在史家小学体育组，教师之间能够毫无保留，坦诚相待，自由发表各自的见解，分享彼此在教学实践中积累的经验和教训，从而实现教师整体的专业发展和素质提升。

任何教师都不可能是全能的，而团队的优势正是在于取长补短、优势互补。史家小学的体育教师都具备了这样的经验，在教学中遇到困惑，首先想到的是向师傅请教。受到师傅的点拨和启发以后，再整理、总结成个人的经验。再充分考虑到教学对象的特点之后再实施教学行为，这样经过学习——反思——总结——实施这些环节之后，学生容易掌握学习的内容。

体育组提倡互相学习，每位教师身上都有一些特点和优点。教师们经常去其他学校进行学习交流，听完其他学校教师的课，回到学校后进行总结。每周四是体育组的组会，组长组织教师们开会，每次区里听课和评课结束，教师们开组会再评课一次，每位教师都得发言。教师们要看他人的优点和不足，如果对某个环节或某个方法有自己的一些想法，可以与大家进行交流。

实际上，经验分享的过程也是总结、提升的过程。教师们从分享过程中就学到好多知识和理念。年轻教师刚进入体育组不会评课，后来师傅就告诉他们如何评课，从哪些角度进行评课，等等，这都是知识和经验的积累。

在学校体育集体教研活动中，听课与评课是最常见的一种形式。这对体育教师提高教学水平，改进教学方法和专业成长等都有很重要的作用，为教师的专业合作提供了有效的机会和平台。听课与评课是一项能让听课者与上课者双方均受益的教研活动。讲课老师要想方设法上好这一节课，就要从组织教材到活动设计，从教学目标到教学效果，从预计密度到平均心率等方面进行全面考虑。这无疑是对上课教师的一次极好的锻炼机会。而对听课者来说，既可以了解学习别人的好的教学方法、教学结构、课程设计等来补充完善自己，又可以增长自己的业务知识。

通过听课与评课，体育教师可以从他人的教学实践中促进自己的专业水平发展，通过听公开课、常态课、观摩课记下所观察到的情景，发现的问题等，然后相互交换意见并提出改进措施，这样可以达到共同提高、共同发展的目的。

体育教研中活跃认真的史家老师

史家的体育老师对待每次教研活动都特别地认真，每周三区里的教研活动，史家小学的老师总是齐刷刷地站在前三排，态度端正，精神饱满，体现了一种团队意识，集体凝聚力。听课结束后，评课环节每个老师都会发言，每当教研员提问，多数情况下都是史家小学的老师先举手，他们敢于和善于与专家面对面交流，表达能力也很好。这并不在于对错，而在于老师能够自己思考，形成自己对教学的想法和观点。周四回到学校，史家小学还结合区教研进行更加深入的讨论和交流。

——摘自马龙教研员的访谈资料

1. 经验传承——实施“师徒帮带制”

史家小学规定，对工作三年以下的新教师要实施师徒帮带计划，由学校指派一名专业素养优良的老体育教师与该新任教师结成一帮一的师徒关系，师傅要从教学态度、内容、方法等各个层面对徒弟进行指导，三年以后“出徒”，这种方式相对缩短了青年教师专业成长的时间，使其更快地开展高质量的教学。

因为是一对一的帮扶，所以可以随时随地进行学习、交流，徒弟在常规教学中遇到的小困惑、小难题，可以随时请教师傅，而徒弟初为人师，容易接受新鲜事物，这样，无形中就给师傅的课堂注入了新鲜的血液。所以，可以说师徒结对是一种互相学习，取长补短，让教学永葆青春的教研活动。

师傅的指导主要包括以下形式。

（1）指导教学计划的撰写。师傅负责指导徒弟制定学年计划、学期计划、教学进度、单元计划以及课时计划，组长定期进行教案检查并进行反馈，对教案书写有瑕疵的青年教师要求其及时更改，从而实现规范教学。

案例分享14.2 师傅引领，快速成长 / 张少慧

我刚来学校工作时，教案还有教学进度那些材料都写得很不规范。

师傅耐心地从教案编写、教学大纲、学期计划、学年计划的制订等方面仔细指导我，直到我可以独立设计为止。另外，上班之前我一直以为体育课就是带着孩子玩儿，放松。但是真正开始上课以后，尤其是我的师傅对我的教学进行细致指导之后，我慢慢转变了观念，逐渐提高了体育教学的效率和质量，现在我注意教学内容的合理安排，而且非常重视学生上课的常规训练，教学手段也更加丰富了，这都得益于师傅的帮助和指导。

我在教学中遇到什么问题，可以随时请教师傅，师傅也非常乐于解答我们年轻教师的问题并毫无保留地传授自己积累的教学经验，这对年轻教师来说是特别宝贵的财富。

（2）课程的互听互评。学校规定，每学期师徒之间互相听课、说课、备课不少于20节，听完课后当场进行反馈和讨论，授课人要及时写课后反思，并在下一次的教学中做出改进。

听课对新教师学习和提高教学方法起着重要的作用，在师傅的指导下，新教师能够逐渐找出自身课堂教学中存在的问题、总结成功的经验，提升教学水平。同时也在观摩师傅示范课的过程中汲取好的经验做法，丰富和优化自身的教学手段，有利于提高教学质量。

徒弟出师，能够独立上课大概分为三个层次：第一层次，徒弟模仿师傅

上课。在该层次，徒弟可能是简单地模仿师傅上课，师傅指导徒弟进行教学的“线条”由粗到细。第二层次，徒弟独立备课。在该阶段，师傅可以指定教材内容，要求徒弟独立备课，且徒弟的备课稿必须经过师傅的审核。第三层次：徒弟独立备课、上课。在这一阶段，师傅要给课堂寻找漏洞、差错，当然也包括发现课堂的闪光点，其中包括：课堂常规；教学难点、重点的处理能力；教学目标的达成度；课堂的调控效果；即时评价的方法和效果等是指导的重点。

案例分享14.3 原来听课、备课都有大学问 / 朱　海

这一学期，我很荣幸能成为张东海老师的徒弟，他在职业道德、教学方法、管理学生方面都毫不保留地给了我许多的指导和帮助，真正发挥了“传、帮、带”的作用，使我在各方面有了较大的提高。

师徒结对的一种基本活动形式就是互相听课评课，这也成为大多数徒弟向师傅学习的过程中最为直接的一种方式，在这个过程中，我有以下几点感想：

（1）如何看待听课？可能很多新老师惧怕被听课，怕被揭短。所以端正态度是第一位的。听课可以帮助我发现一些自己难以注意到的问题，放下包袱，就会使我在有人听课比没人听课时的兴奋程度高出很多，讲课也就更加有激情，对学生的感染力就更大。

（2）如何备课？因为要在课前想师傅阐述备课的构思，所以备课时会特别注意以终为始。也就是特别注意围绕授课目标安排教学活动，而不是为了将内容而讲课，从而使自己的备课水平有

了提高。师傅在他的课中有什么好的举措，有什么难点或容易引起学生歧义的关键点，也都会及时的与我交流，是我的课堂上能够避免一些问题的出现，让我少走了不少弯路。

（3）要善于利用评课的机会查找不足，做一个有心者。师傅给我评课时，会反馈出很多我自己没有意识到的优点和缺点。师傅在评课时对我的指导不仅停留在理论层面，更是具体体现在每一个环节中，使我明白课堂上应充分体现学生的主体地位。

（4）听师傅的课要学什么？我听师傅的课也有很大收获。张老师的课最大的特点就是条理性强，思路清晰，同时能很好地调动学生的积极性，真正地做到了让学生在快乐的气氛中发现体育的美，在多次听师傅课的过程中，我慢慢体会到了他思想的灵动，并且准确的把握住每一节课的闪光之处，在这样反反复复的过程中，我受益匪浅。

这一学期以来，在张老师的悉心指导下，在他认真踏实的工作作风的感染下，良好人格品质的熏陶下，我各方面都有了一定的提高。因此我要衷心的感谢学校为我提供了这样机会，衷心感谢张老师对我的帮助和关系，使我成为师徒结对的受益者。我一定会继续努力，争取做一名合格的人民教师。

案例分享14.4 师傅的评课让我受益匪浅

通过这学期的师徒结对活动，我体会较深的是：这是一个师徒相长的过程。大家都知道“教学相长”，就是在于师徒共同教研中，师父与徒弟共同获得大提高。下面我就从徒弟这个角度谈谈我的收获：

大家都知道师徒结队的一种基本活动形式就是互相听课评课。

（1）就我个人而言，有人听课势必比没人听课时的兴奋程度要高很多，讲课也就更加有激情，对孩子的感染力就更大。

（2）因为要向师傅阐述备课的构思，所以备课时会特别注意以终为始，就是特别注意围绕授课目标安排教学活动，而不是为了讲内容而讲课。从而使自己的备课水平有了提高。

（3）师傅给我评课时，会反馈出很多我自己没有意识到的优点和缺点。比如对某个教具或场地的使用，我可能从教师的角度觉得该用，但并不知效果会怎样，但师傅可以从听讲人的角度体会到，评课时就会反馈给我，从而起到了肯定或否定的效果，让我以后可以有意识地进行调整。

（4）我听师傅的课也会有很大收获。最大的特点就是教学有序，特别清晰。老教师的课给人的感觉从容不迫，课堂气氛也很好！真正做到了让学生在快乐的学习氛围中锻炼，将体育教学与情感教育结合在一起。

大家都有体会，认真准备一节轮流课和大家听课评课的过程会给讲课人带来很大收获，那么师徒之间的听评课就好比堂堂都是公开课，必定会带来更大收获。我感到师徒结对像一条无形的纽带联结在师徒之间，使他们在有意无意之中增加了交流和相互学习的机会，从而得到提高。

综上所述，让我深深体会到我是师徒结对活动中的受益者，我感谢学校为我提供了这样的机会。对于一名一线的老师来说，既是一种机遇又是一种挑战，要让学生有一碗水，老师就一定要成为一条奔流不止的小溪，因此，只有虚心地向师傅学习，不断提高自身的从师素质，才能成为一名合格的人民教师。

（3）科研能力的训练。师傅还要从“课题论文的指导”入手，要求徒弟做好课后教学反思、优秀案例的收集与整理，做好对教学案例、经验、感悟的及时记录，通过研究撰写教研论文。如果师傅正在研究某一课题，还会吸纳徒弟为课题组成员，使徒弟认识、理解课题研究的方法和过程。

2. 科研带动——开展教学课题研究

教师是课堂的负责人，而课堂是检验教育理论的实验室，教师的工作中充满了丰富的研究机会。教育研究也是教师作为专业人员的一种专业生活方式。教师进行教育研究是教师发展的必然趋势，也是教师发展的必然途径。

近年来，史家小学体育组的老师共同承担了国家“十二五规划”课题——肥胖儿研究等研究项目，加强了教师对教学的研究、思考和总结，带动了教师教学水平的持续提升。

史家小学开展预防肥胖健康教育研究

为了更好地在学校中开展预防肥胖健康教育，2011 年 5 月 23 日在史家小学礼堂举办了东城区史家协作组校“家校联合，共促健康”专题活动。会议由史家小学德育主任李小鹏主持，北京儿童医院内分泌科巩纯秀主任、北京协和医院内分泌科潘慧教授、健康时报健康教育部魏雅宁主任、东城区中小学保健所潘勇平所长、回民小学、春江小学、遂安伯小学、校尉小学、新鲜小学和史家小学学生家长代表参加了活动。保健室周老师汇报了史家小学肥胖干预情况。随后儿童医院内分泌科巩纯秀主任、北京协和医院内分泌科潘慧教授为同学和家长做了专题讲座，详细介绍了肥胖的危害和防治肥胖的方法。两位专家生动活泼、深入浅出的讲解使大家受益匪浅，提高了对儿童肥胖危害的认识，增强了预防意识。通过此次活动，各校师生相互交流、总结经验、共同学习，为进一步控制学校的肥胖率奠定了基础。

3. 及时充电——组织教师参加培训和学习

要想给学生一碗水，教师必须要有“长流水”，这就要求教师坚持学习，不断地给自己充电，学校也要为教师积极地搭设学习平台，为教师提供各种培训机会。

（1）“走出去”。学校每个学期都会有计划地安排教师外出交流学习，例如：体育组的教师近期曾参加国家体育总局、教育部共同举办的全国优秀师资培训班、社会体育指导员培训班、高尔夫培训班、趣味田径社会指导员培训班等等。通过培训，教师在专业知识和技能方面都有提升，为自身发展奠定了坚实基础。

学校经常组织异地交流，既“走出去”又“引进来”。学校体育组定期走访周边在体育教学上比较有特色的学校，进行异地授课。在授课过程中，教师取长补短，开阔了视野，积累了经验。

（2）“请进来”。“请进来”主要是学校结合工作实际，有针对性地邀请市（区）教科院、体育教研员或其他学校的优秀体育教师来校进行学术专题报告、理论学习辅导讲座，尤其是对教研组的发展方向的引导，不断地加强和修正校本教研的发展路线，充实组内教师的理论水平。

同时学校还努力争取承办各类大型教研活动的机会，先后承办过各类体育教学研讨活动。体育组内的教师在筹备这些活动中丰富自己的工作能力，并足不出户就能获得提高学习的良机，不断提升自己的业务能力与理论水平。

史家小学承担了北京市、东城区各种类型的体育比赛。通过组织比赛，既能够锻炼队伍，又能够近距离地与各学校进行研讨。

史家小学承办东城区市区优秀体育教学展示、东城区小学体育校本教研现场会

2008年11月5日下午，东城区教委体卫科、东城区教师研修中心小学体育教研室在史家小学举办了东城区市区优秀体育教学展示、东城区小学体育校本教研现场会。在这个会上，史家小学体育组展示了从备课到上课以及课后说课和评课的整个过程，充分体现了史家小学体育组是一个勇于创新、互相学习、团结协作的优秀集体。这次活动也增进了各所学校之间的交流。

4. 自主提升——在自我反思和学习中不断提升

教师参加各种教研活动不仅仅是以制度加以规范的，更要靠教师的自觉努力和自我提升。教育经验的丰富和深刻程度取决于教师个人是否能够在教育教学过程中动脑筋，想办法，勤于学习和反思，不断发现和解决教育教学过程中的问题，不断改进自己的教育教学行为。

反思是促进教师成长的有效措施，我国教育专家林崇德先生也提出了类似的公式：优秀教师 = 教育过程 + 反思。这个公式体现了教师成长的过程是一个总结经验、捕捉问题、反思实践的过程。只有在“反思—更新—发展—再反思—再更新—再发展”这样一个不断上升的过程中，教师才能不断地实现个人的成长与发展，提高其专业化水平，避免简单模仿他人经验的情况。

因此，学校鼓励老师要经常反思自己的教学理念，检验自己的教学策略，考察自己的教学行为，评估自己的教学效果，将所学所看转化成自己的教学策略，内化到自己的教学理念中，从而达到更新教学思想、改善教学行为、提高教学质量、促进学生发展的目的。正如马龙教研员所说：“和谐教育是史家小学首先提出的，现在之所以能取得这么大的成果，一个主要的原因是老师们能够把通过观摩学习、专家解读得到的知识和理念，转换到自己的教学实践中，这是史家小学做得比较突出的。”

案例分享14.5 不断学习，提升自我[①]

现在的小孩，对电子产品非常精通，不管是 iPad、电脑还是手机，都很快就能搞定，我们这一代人接受得就没那么快，但是

①摘自对张欣欣主任的访谈。

有时候孩子们过来跟我探讨这个，说:“张老师你足球踢得好，电脑上的踢足球游戏你会吗？”我就去了解，去学习，这样可以增加与孩子们的共同语言，这也是自己求新求变、自我提升的一个过程。

而且，现在青年教师的成长也很快，长江一浪推一浪，我要想指导年轻教师，就必须去研究教材、更新教法、总结教学经验。比如有的年轻教师来问我体育和健康知识如何处理，如何融入课堂教学，我就必须研究教材，然后和他们讲我是怎么理解的，建议应该怎样做。教师总是要不断学习完善，活到老学到老，就是这个意思。通过不断地学习与自我完善，每位青年教师都在求新求变中让自己有了一定的提高，有了一定的突破。

Appendix

附录

奖励和荣誉

附表　　体育组带领学生参加各种竞赛获得的奖励和荣誉

序号	竞赛名称	所获奖项	获奖者	指导教师	获奖年月	颁奖单位
1	全国健美操比赛	小学组徒手健美操规定套路、少儿基础套路、小学组自编健美操、小学组轻器械一等奖	孙鸣茁　张习羽 王木楠　汪瑞婕 蓝雅琦　张可欣 吴雨晴　田佳禾 王睿可　钟赫原 张天然　陈千一 刘梓怡　王心仪 陈馨钰　朱睿峤 李丹竹　孙嘉彤 姚嘉钰　郝悦彤 刘宇佳　胡彦舟	牛东芳	2011.3 2011.9	国家体育总局

续表

序号	竞赛名称	所获奖项	获奖者	指导教师	获奖年月	颁奖单位
2	北京市游泳比赛	北京市女子50米、100米、自由泳：第一名、第二名、第四名 男子50米、100米仰泳：第四名、第五名 女子个人200米、混合泳：第六名 女子4×50米自由泳：第二名 男子4×50米自由泳：第五名 团体总分：第二名	冯苏豪 杨天禹 王跃麟 宋卓坚 王可航 马嘉玥 李泽尧 王子琦 宋相辉 袁子茗 何 菁 王舟禹 庄天逸 许涵清 陈嘉悦	刘 悦 董思屏 张少慧	2011.10 2012.3 2012.5	北京市教委 北京市体育局
3	北京市健美操比赛	大众健美操一级、二级：一等奖、三等奖	孙鸣苗 张习羽 王木楠 汪瑞婕 蓝雅琦 张可欣 吴雨晴 田佳禾 王睿可 钟赫原 张天然 陈千一 刘梓怡 王心仪 陈馨钰 朱睿峤 李丹竹 孙嘉彤 姚嘉钰 郝悦彤 刘宇佳 胡彦舟	牛东芳 孙 宁	2012.4	北京市教委 健美操协会
4	北京市第十四届学生艺术节校园集体舞	北京市一等奖	李 涵 王 琪 周方宇 王 云 繁 华 等50名同学	牛东芳 徐礼铮	2011.9	北京市教委

续表

序号	竞赛名称	所获奖项	获奖者	指导教师	获奖年月	颁奖单位
5	全国少年速度轮滑锦标赛	男子乙组3000米接力金牌 女子乙组10000米积分淘汰赛银牌、1000米铜牌和500米第四名 男子丙组300米第六名	王思宇 张宜开 闫绍诚 李乐溪 陈楚曦	徐礼峥	2012.5	国家体育总局社会体育指导中心 中国轮滑协会
6	东城区中小学生篮球比赛	东城区第二名	田子洋 熊慕新 刘兆熠 黎绍峰 祝玄驰 刘清越 张玮宬 姚宇光 陈泽霖 朱九堃 安兆宁	朱 海	2012.5	东城区教委
7	北京市少年儿童高尔夫比赛	团体第四名	姜欣雨 胡雪筠 胡 亿 王昊辰	张 凯	2012.5	北京市体育局
8	东城区足球比赛	第六名	王 尊 唐绪梁 唐绪栋 姜欣雨 郭书昂 肖义泓	张 凯	2012.5	东城区教委
9	全国趣味田径比赛		韦自正 刘亦锋 黎绍峰 金雨晴 姜旖奇 钟羽伦 郑文姬	朱晓晨 李 欣 牛东芳	2010.10 2011.10	全国青少年趣味田径协作组
10	全国小学生手球锦标赛	冠军	刘 畅 史一博 钱 王 翟子谦 王云翀 等	张欣欣 李大明	2001 2002	国家体育总局小球管理中心
11	全国小学生手球锦标赛	冠军 季军	刘 畅 史一博 钱 王 翟子谦 王云翀等	金 帆 张东海	2005 2006	国家体育总局小球管理中心

续表

序号	竞赛名称	所获奖项	获奖者	指导教师	获奖年月	颁奖单位
12	北京市中小学跆拳道比赛		李彦霏　赵辰彰 牛瑞涵　王　天 连张彬　等	高　健 金　帆	2011	北京市中小学体育运动协会
13	东城区第六届中小学武术比赛		黄子涵　孙嘉彤 张烨等	王　艳 金　帆	2012.5	北京市东城区教委
14	东城区足球比赛	教委第五名	王　尊　姜欣雨 郭书昂　安兆宁 等	刘　禹	2011.5	东城区
15	东城区中小学生田径运动会	团体总分第二名 男子团体总分第一 女子团体总分第三 团体总分第三名 男子团体总分第二 女子团体总分第四	韦自正　刘亦锋 黎绍峰　金雨晴 姜旖奇　钟羽伦 郑文姬　等	李　欣	2009.4 2010.4	东城区教委
16	北京市乒乓球比赛	女子单打北京市第一名 男子单打第一名 女子单打第二名 女子单打第三名	张瑨琛　王昇源 张心怡　李璎彤	孙文武	2000 2011	北京市教委

Postscript
后记

学校“十二五”发展规划把拔尖创新人才的培养作为重点工作内容之一。“拔尖创新人才的培养是未来人才培养研究的重中之重，因为它关系到未来国家核心竞争力，关系到中华民族伟大复兴的成与败。”史家小学将育人目标明确为培养“和谐的人”，并认为创新型人才的发展，在于个性的和谐、全面与自由发展，而和谐教育的开展，则为拔尖创新人才的培养奠定了基础，提出了“确立培养创造能力的人才观”，把培养创造性作为学校实施素质教育的人才培养目标。

在创新型人才培养中，史家小学体育工作坚持“面向全体，拔尖培养”的原则，形成了“创设创新型课堂，构建和谐课程，开展学生成长指导”三位一体的拔尖创新人才培养机制。学校的课程设置基于学生现实生活，为未来生活做充分准备。未来的体育工作将紧紧围绕学校培养“和谐的人”的育人目标，注重学生的终身体育意识、责任意识、规则意识等和认识社会的能力、交往能力等方面能力的培养。在此基础上，体育工作综合国家、地方和校本三级课程，坚持育人为本，坚持能力为重，培养孩子掌握未来的能力和选择未来的力量，为全体学生成长奠定基础，实现成长和成才同步，构建了史家和谐课程体系。

“健康第一，促进学生发展”的体育教育理念为学校体育指明了方向。

从“一切为了孩子，一切为了明天”这一理念出发，学校体育应该在实践中诠释更深刻的内涵、展现更丰富的内容、追求更高远的境界。在体育工作中，坚持体育与教育相统一、健体与强心相结合，始终把培养“全面发展的人”作为学校体育的最高目标。在安全、快乐的氛围中，让学生体验运动之美、运动之趣、运动之魅。苏霍姆林斯基说过这样一句话:“我们力求使学生深信，由于经常的体育锻炼，不仅能发展身体的美和动作的和谐，而且能形成人的性格，锻炼意志力。”史家小学的和谐体育从做人抓起，努力提高学生的综合素质，力求强健学生的体魄，磨炼学生的意志，锤炼学生的品德，健全学生的心智，为学生的生命奠基，为学生的生活添彩！

作　者

2012 年 8 月

Afterword

跋

不断拓展史家教育的精神空间

《和谐教育丛书》是史家小学在全面梳理、系统总结20年和谐教育理论与实践基础上着力打造的一个教育文库。史家教育文库，致力于不断丰富学校发展的准确素材和科学依据，持续积累教育改革的实践成果和现实经验，从而为我国教育事业的繁荣和发展提供精神滋养。

《国家中长期教育改革和发展规划纲要（2010—2020年）》指出:“把促进学生健康成长作为学校一切工作的出发点和落脚点。关心每个学生，促进每个学生主动地、生动活泼地发展，尊重教育规律和学生身心发展规律，为每个学生提供适合的教育。”史家人认为，基础教育要致力于每个孩子禀赋的发挥、个性的舒展和生命的绽放，就是要秉承中华五千年文化，携手世界五大洲文明，优化并协调各种教育因素，使学校真正成为孩子成长的乐园。孩子健康快乐成长，永远是史家教育的出发点和归宿。面对孩子不断发展、持续更新的教育需求，史家人总是能够将其创造性地转化为和谐育人体系新的增长点。史家教育强调用和谐的方法培养“全面和谐发展”的人，并把和谐育人具化为“人与人的和谐”“人与知识的和谐”“人与自身的和谐”“人与社会的和谐”“人与自然的和谐”五个方面。当前，学校有效强化基础教育的基础性，把致力于孩子“全面和谐发展”进一步具化为“健康快乐成长”

与“身心智趣发展”。并且，在五个和谐关系的基础上逐步生成了史家“种子计划”，即以培养“和谐的人”为目标，凸显五大和谐支柱、强化五大基本意识、提升五大核心能力、搭设五大特色课程、推进五大金牌项目、打造五大资源基地，成就一个“和谐的人”。史家和谐育人体系犹如一粒鲜活饱满的种子，深深植根于每个孩子的幼小心灵中，伴其一生，惠其一生。

史家和谐，是一个不断发展、持续深化、全面开放的精神体系。新时期的基础教育向史家教育提出了新目标、新任务、新要求，注入了新思想、新方法、新活力。进一步拓展史家教育的精神空间，进一步发挥史家和谐的先导、示范和激励作用，已经成为全体史家人的追求与梦想。

史家的明天，将更加美好！

王　欢

史家小学校长

2012 年 8 月